AF403551

LEÇONS

DE DROIT

DE LA NATURE.

PREMIERE PARTIE.

De l'Imprimerie de COUTURIER, à Paris.

LEÇONS

DE DROIT

DE LA NATURE

ET DES GENS,

Par M. le Professeur DE FELICE.

Quid deceat, quid non : quò virtus, quò ferat error. HORAT.

DROIT DE LA NATURE.

PREMIERE PARTIE.

TOME PREMIER.

A YVERDON, *& se vend,*

A LYON,

Chez LES PRINCIPAUX LIBRAIRES.

M. DCCC. XVII.

PRÉFACE.

L'On a défini l'homme, un *être raifonnable*. Nous adoptons avec plaifir une définition qui flatte fi fort notre amour-propre; & nous nous regardons comme des êtres raifonnables, c'eft-à-dire comme des êtres qui dans toutes leurs démarches fuivent les lumieres de la raifon. Trompeufe illufion! L'homme n'eft pas un être raifonnable, il s'en faut bien; ce n'eft qu'un être *capable de raifon*. En effet, les êtres vraiment raifonnables font auffi rares que ceux qui croient de bonne foi de ne pas l'être.

Un être véritablement raifonnable eft celui qui poffede un entendement développé, exercé, étendu & per-fectionné par l'étude de certaines fcience, qui vifent directement au grand but d'éclairer l'homme, de le rendre meilleur. Que l'on ne s'y trompe pas; c'est la vraie idée de la raison.

L'entendement tel qu'il fort des mains de la nature, n'éleve pas l'homme au-dessus de la bête. La raison dans son principe n'est qu'une faculté ou une aptitude par laquelle l'homme peut acquérir les connoissances qui lui font nécessaires, & par laquelle il peut avec ces connoissances, se conduire d'une maniere digne d'un être raisonnable. La raison est à l'ame, ce que les yeux font au corps. Sans les yeux l'homme ne peut jouir de la lumiere; sans la lumiere, les yeux lui font inutiles. C'est le fort de toutes les facultés, tant de l'ame que du corps. Elles ont besoin d'être développées, exercées, étendues, perfectionnées; si on les laisse en friche, elles feront sans action, sans vie, comme si on ne les possédoit point.

La raison seule, & telle qu'elle

fort des mains de la nature, ne fuffit donc pas à l'homme pour être & fe conduire en être raifonnable ; il faut qu'il s'en ferve pour acquérir les connoiſſances néceſſaires, & que par la raifon il faſſe ufage de ces mêmes connoiſſances pour fe conduire dignement & d'une maniere qui réponde au but de la création. L'ignorance eſt l'attribut primitif de l'homme brut & ifolé : dans la fociété elle eſt la plus funefte infirmité des hommes; elle y eſt même un crime, & un très-grand crime ; puifque les hommes étant doués d'intelligence, doivent s'élever à un ordre fupérieur à l'état des brutes, & diſſiper l'ignorance qui eſt la caufe la plus générale des malheurs du genre humain & de fon ingratitude envers l'Auteur de la Nature, envers la lumiere éternelle, la fuprême raifon & la caufe premiere de tout bien.

Toutes les fciences en général, contribuent plus ou moins à développer la raiſon, à l'éclairer, à la perfeŝionner ; mais celle qui tend le plus direŝement à un but ſi excellent, celle dont l'unique but eſt d'éclairer cette même raiſon, pour qu'à ſon tour elle éclaire nos démarches ; celle enfin dont la connoiſſance fait de l'homme, c'eſt-à-dire de l'être capable de raiſon, un être véritablement raiſonnable ; c'eſt le *Droit Naturel*. C'eſt lui qui fournit à l'homme les maximes des raiſonnemens les plus importans & les regles de ſa conduite. C'eſt lui qui nous inſtruit des vrais principes de nos devoirs envers Dieu, envers nous-mêmes, envers le prochain ; c'eſt lui en un mot qui doit nous guider dans le droit chemin des êtres raiſonnables. Sans cette ſcience, la conduite de l'homme ne peut être que ténebres, égaremens, confuſion & déſordres ; car ſans la connoiſſance des lois naturelles, point de notion de juſte & d'injuſte ; point de notion de la diſtinction effentielle entre l'intérêt général & l'intérêt particulier; point de notion de l'effence du bien & du mal, des droits facrés de ceux qui commandent, & des devoirs de ceux à qui l'ordre focial prefcrit l'obéiffance; point de notion des devoirs de parens, d'amis, de compatriotes, de voifins, d'affociés; en un mot, fans la connoiffance du droit naturel, il eft impoffible que l'homme foit un être raifonnable. Peut-on après cela méconnoître la néceffité indifpenfable de cette fcience?

Confultons cependant l'expérience: jetons un coup-d'œil rapide fur quelques ordres de perfonnes qui compofent les fociétés. Qu'y trouverons-nous? des pieges dreffés de toute part à la bonne foi : nous y découvrirons fans peine une partie du genre humain occupée à tromper l'autre partie. De là ces chagrins qui fi fouvent troublent le repos de la fociété; de là tant de défagrémens qui contre-balancent les grands avantages que les hommes ont eu en vue dans son établissement.

Il y a sans doute de la malice & même de la méchanceté dans le monde ; il y regne des passions tumultueuses qui y causent bien des désordres ; mais ce n'est ni dans la malice humaine ni dans les passions qu'il faut chercher la premiere source des maux qui nous affligent & des malheurs qu'éprouve la société : c'est dans l'ignorance de nos devoirs, de nos obligations rigoureuses, de la loi naturelle.

Interrogez ce domestique qui distrait les denrées de son maître pour les donner à ses parens : il vous répondra hardiment que ce n'est pas là un vol. Demandez-lui pourquoi il perd une grande partie du temps qu'il doit employer au service de son maître ; pourquoi il ne le sert pas avec affection ; pourquoi il ne prend pas à cœur le bien qui lui est confié, comme il voudroit que son domeſtique, s'il en avoit un lui-même, s'intéreſſât pour ce qui lui appartient : il vous dira ſans rougir, qu'il ne ſe croit point tenu à ſacri-fier tout ſon temps aux affaires de ſon maître; que c'eſt à ſon maître & non à lui à veiller ſur ſes propres intérêts.

Croyez vous que les artiſans, les détailleurs qui, abuſant de la bonne foi des acheteurs, ſurfont impitoya-blement les ouvrages ou les denrées; croyez-vous, dis-je, que ces gens-là penſent voler dans ces occaſions? La plupart, n'en doutez point, ſont per-ſuadés qu'il leur eſt permis de vendre auſſi cher qu'ils peuvent.

Que diroit une Dame du bon ton, ſi vous entrepreniez de lui perſuader qu'elle s'écarte de ſes devoirs eſſen-tiels, en ſe rendant journellement dans des aſſemblées de jeu ou de converſations frivoles, en aban-donnant l'éducation de ſes enfans, en négligeant le ſoin de ſon domeſ-tique? Quelque talent qu'elle ait, ellè ne fe croit point obligée de fe priver de fes amufemens pour s'occuper de fa famille.

Un Fermier épuife vos terres pour en tirer pendant quelques années des récoltes forcées; & les voyant épuifées, il les abandonne avant le terme convenu. Si vous fuppofiez qu'il fe croit injufte, le moindre entretien avec un homme de cette claffe, fuffira pour vous défabufer.

Cet ouvrier qui fait fort mal fon ouvrage; cet autre qui perd la plus grande partie de fon temps; ce troifieme qui abufe des outils & des matériaux que vous lui avez confiés: ce payfan qui fe fait un plaifir de tromper les habitans de la ville: ce Commis qui profite des lumieres de votre commerce pour favorifer quelqu'ami, ou pour vous fupplanter: ce créancier qui en vous refufant ce qui vous eft dû, vous entraîne dans un procès ruineux: cet homme d'affaires qui exalte fes foins généreux dans le but d'éloigner les honnêtes

gens qui pourroient s'attacher à votre
fervice avec fidélité & reconnoiffance : cet Intendant qui trahit les intérêts de fon Maître : ce Tuteur qui diffipe les biens de fon pupille : cet Avo-
cat qui emploie fon éloquence pour
faire paroître jufte une caufe mauvaife ; cet autre qui ne voulant rien refufer à fes plaifirs, ne s'inftruit que fu-
perficiellement de la caufe qu'il doit
défendre : ce Juge qui prononce une
fentence injufte : un Souverain enfin,
qui fépare fes intérêts de ceux de la
nation : toutes ces perfonnes, dis-je,
ont-elles leurs devoirs bien familiers ;
connoiffent-elles à fond leurs obligations, en font-elles bien péné-
trées, agiffent-elles toujours contre
les avertiffemens de leur confcience?
Non fans doute, car s'ils connoif-
foient leurs devoirs, s'ils en étoient
pénétrés, ils ne s'en écarteroient
point. Connoître évidemment fes
devoirs & ne s'en acquitter pas,
c'eft une contradiction manifefte :
voir ce qui eft bien & faire le mal,

c'eſt une abſurdité inconcevable &
contraire à la nature humaine. *Video
meliora proboque*, dit-on, *deteriora
ſequor :* paſſons cette expreſſion à
un Poëte; mais gardons-nous bien
de l'adopter dans la Morale.

Nous ſommes irréſiſtiblement portés au bien en général, & nous nous
refuſons néceſſairement au mal en
général : c'eſt une loi méchanique
de la nature humaine. Ce ſont les
biens & les maux en particulier qui
ont été abandonnés à notre choix,
à notre liberté. Lors donc que nous
manquons, c'eſt que nous nous trom-
pons dans le choix des biens & des
maux particuliers, les biens ſe pré-
ſentant ſouvent comme des maux,
& les maux comme des biens. Mais
lorſque l'homme apperçoit clairement, diſtinctement & évidemment
le vrai bien, le vrai mal, il eſt contre
ſa propre nature qu'il ſe refuſe au
premier & qu'il embraſſe le ſecond;
& à moins que ſa raiſon ne ſoit entiérement dérangée, il eſt impoſſible

qu'il en agiſſe autrement : lorſque nous nous égarons dans notre choix, c'eſt ſûrement faute d'évidence. Il n'eſt donc pas poſſible que l'homme voie le bien, en ſoit perſuadé par l'éclat de l'évidence, & ſuive en même temps le mal. Cette évidence qui force l'eſprit à reconnoître le vrai, oblige auſſi le cœur néceſſairement à embraſſer le bien ; & un homme dont le guide ſeroit toujours l'évidence, découvriroit toujours néceſſairement le vrai, embraſſeroit toujours néceſſairement le bien.

Il s'enſuit que nos égaremens ſeront plus ou moins groſſiers, plus ou moins fréquens, à meſure que notre raiſon ſera plus ou moins éclairée, que nos connoiſſances approcheront plus ou moins de l'évidence. N'attribuons donc point à la malice humaine les maux que les hommes ſe font les uns aux autres, & les déſordres qui troublent la ſociété : ce ſeroit prendre l'effet pour la cauſe, & ſe former du chef-d'œuvre de la création l'idée la plus affreuſe : ce ſeroit diffamer le plus avantageux de tous les établiſſemens humains. Oui, ſi l'homme étoit méchant de ſa nature, il devroit être relégué dans les forêts comme une bête féroce, il ne devroit jamais contracter de ſociété.

Voici donc deux principes inconteſtables : *L'évidence produit néceſſairement la vertu : l'ignorance eſt la ſource néceſſaire du vice.* Voulons-nous donc diminuer la méchanceté des hommes, & par là même les maux de la ſociété politique ; déclarons une guerre implacable au vice, & pour le combattre avec ſuccès, attaquons-le dans ſa ſource. Eclairons les hommes ; ils connoîtront leurs devoirs : éclairons les hommes, ils ſe conformeront aux regles de la droite raiſon : éclairons les hommes, ils deviendront vertueux.

Je ne dis pas cependant que jamais on puiſſe bannir entiérement le mal moral de la terre ; il y en aura tant qu'il y aura des hommes ; pour bannir entiérement le mal de la terre, il faudroit y répandre une parfaite évidence; mais cette évidence n'étant pas le partage des hommes, leur nature même s'y oppofant, nous ne pouvons que l'approcher le plus fouvent; & malgré tous les efforts de la raifon éclairée, à peine nous pouvons faire en forte, que dans la balance de la probabilité, le côté des connoiffances & de la lumiere l'emporte fur celui des paffions & des ténebres.

Quelque évidente cependant que foit cette vérité, qui eft plutôt une vérité de fentiment que de démonftration abftraite, il ne paroît pas qu'elle ait été généralement apperçue. Les hommes ont foumis aux regles les plus fûres du calcul l'infini; ils ont mefuré les cieux & la terre; ils en ont obfervé les révolutions; ils en ont calculé les mouvemens, les grandeurs, les diftances; ils prédifent les éclipfes; ils pefent l'atmofphere; ils connoiffent, ils évaluent, ils emploient la force des vents & des eaux ; ils ont découvert ce fluide actif qui diverfement logé dans l'intérieur de tous les corps, tend fans ceffe & avec une force prodigieufe à en difperfer toutes les parties ; mais qui environnant auffi tous les corps, comprime ces mêmes parties & les retient par fon effort immenfe, à la place que leur marque la nature : ils favent dans plus d'un cas diriger l'action puiffante de ce mobile univerfel, imiter le feu & les coups de tonnerre ; ils élevent les fardeaux les plus énormes dans les airs par leurs mains foibles & débiles ; ils tracent une route prefque affurée fur la vafte plaine des mers ; ils ont percé les abymes de la terre pour en arracher ces métaux, fource intariffable des guerres les plus opiniâtres, les plus fanglantes ; ils ont même fait fentir à la nature qu'elle pouvoit être forcée à leur fournir des productions dans ces climats, où elle avoit été la plus avare. En un mot ils ont fait des progrès étonnans dans les fciences

les plus abstraites, dans les arts les
plus compliqués; & ils ont négligé
l'unique science qu'ils devoient apprendre, la science qui devoit leur
fournir les regles de conduite envers
leur Auteur, envers eux-mêmes, envers leurs semblables; la science qui
apprend à calculer les vrais biens, les
vrais maux, & dirige l'homme dans
leur choix; la science destinée à dissiper les ténebres d'une ignorance coupable & dangereuse, qui est la source
funeste de nos travers & de nos égaremens; une science enfin, dont ils sen-
toient les principes dans leur propre
cœur; & pour l'apprendre à fond, ils
n'avoient qu'à s'examiner eux - mêmes, et à faire attention à ce qui se passoit chez eux. Et ils l'ont ignorée au
point, que ce n'est que depuis un peu
plus d'un siecle que cette science, jusqu'alors éparse dans les écrits de
quelques anciens Philosophes, obs-
curcie & défigurée par les Scolasti-
ques, & corrompue par les Casuistes,
a été enfin réduite en système lié &

fuivi : & nous la regardons encore
comme une fcience nouvelle.

Mais il s'en faut bien que depuis fa
création, la fcience des lois naturelles
foit par-tout cultivée comme elle mérite. Il femble que les hommes ne font
pas encore revenus de leur affoupiffe-
ment, & que rougiffant encore pour
leurs peres de ce qu'ils ignorerent la
feule fcience qu'ils devoient connoître, ils n'ont pas affez de courage &
de forces pour la répandre généralement fur toute la furface de la terre.
L'on conferve encore les Maîtres de
Latin, de Grec, d'Hébreu, d'Arabe :
& l'on n'a pas encore penfé à établir
des Maîtres qui enfeignent aux hommes le langage du cœur. L'on trouve
une dixaine de Maîtres de Droit Romain dans certaines Univerfités ap-
partenantes à des Sociétés où cette
Légiflation n'eft plus fuivie; & on n'y
entend point parler des principes immuables de l'équité naturelle, du jufte, de l'injufte, de l'honnête, du dés-
honnête, de la Jurifprudence natu-

relle, en un mot, qui doit faire la bafe de toute légiflation. L'on multiplie aujourd'hui les Maîtres qui apprennent aux hommes l'art de s'entr'égorger, parce qu'ils font injuftes & méchans; & on ne penfe pas à leur enfeigner l'art d'être juftes & vertueux, pour qu'ils fachent ce qui leur eft dû, ce qu'ils doivent; afin qu'ils s'y conforment par fentiment, & qu'ils évitent par-là la plus fâcheufe des reffources, de recourir aux armes.

Ne diroit-on pas que l'homme, fait pour être une créature raifonnable & par là fupérieure aux bêtes, veut à toute force leur être inférieur; que fait pour la fociété & pour les grands fecours qu'elle peut lui procurer, il la dédaigne, il préfere la vie ifolée : car ce n'eft pas le voifinage qui fait la fociété : ce font les devoirs & les droits réciproques; il renonce à tous les agrémens de la vie fociale; & il fait tous fes efforts pour en empêcher la jouiffance, & pour rendre la fociété des fervices réciproques, le théâtre des haï-

nes, des jalousies, des calomnies, des
vols, des meurtres, & de tant d'autres horreurs qui tendent directement
à la destruction de cette société uni-
verselle, qui fait le plus bel attribut
de la création.

Mais, osons espérer mieux des
hommes; l'avenir nous promet d'heureux changemens. Nous sommes témoins des nobles efforts que la raison
ose faire, pour l'emporter sur les préjugés les plus invétérés, sur l'ignorance la plus épaisse : elle fera connoître à la fin aux hommes la véritable source de leurs égaremens, de
leurs maux; & ils penseront sérieuse-
ment à les prévenir, en s'instruisant de
leurs devoirs, de leurs droits, en mé-
ditant les maximes du bien & du mal,
du juste & de l'injuste par l'étude de la
science du Droit naturel. La marche
de la raison humaine dans le chemin
de la lumiere est fort lente; les ténebres y sont fort épaisses; les obstacles
qu'elle y rencontre, sont innombra-
bles & d'autant plus difficiles à sur-

monter, qu'ils font variés, & qu'ils
tiennent à la nature humaine elle-
même, lorfque par une culture bien
entendue, on n'a pas tâché de les
détruire de bonne heure & du moment même qu'ils ont commencé
à paroître. L'enfant eft docile ;
l'homme fait eft opiniâtre. La jeuneffe reçoit fort aifément la lumiere qui
devient enfuite fon guide ; mais l'âge
avancé, n'y étant pas accoutumé de
bonne heure, ferme les yeux au
moindre rayon, ne pouvant nullement la fouffrir.

C'eft donc en travaillant pour les
jeunes gens, que nous pouvons efpérer de travailler avec fuccès. La
lumiere que nous leur préfenterons,
produira infailliblement fur leurs efprits & fur leurs cœurs les impref-
fions les plus heureufes, les plus durables ; ils feront en leur temps les
ornemens de la fociété ; pénétrés des
maximes des lois naturelles, ils en
refpecteront les devoirs facrés qui la
cimentent, ils y goûteront tous les

avantages d'une union fondée fur la vertu, & conformément aux vues du Créateur; ils trouveront dans cet établiffement admirable tout le bonheur dont les hommes font fufceptibles ici-bas.

Voilà ce qui m'a engagé à publier ces *Leçons de Droit de la Nature & des Gens*, que j'ai extraites de l'Edition des *Principes du Droit de la Nature & des Gens* de M. BURLA-MAQUI, que je viens de donner en 8 vol. in-8°. & qui par là même ne font plus propres que pour ceux qui en ont reçu les premieres inftitutions. Heureufes les fociétés, fi leurs conducteurs à la fin fe perfuadent que fans cette étude c'eft en vain qu'ils fe flattent d'en rendre les membres vertueux, & de voir leurs corps politiques cimentés par l'agréable retour de fervices réciproques.

LEÇONS.

LEÇONS

DE

DROIT DE LA NATURE ET DES GENS.

PREMIERE PARTIE.

DROIT DE LA NATURE.

LEÇON PREMIERE.

De la nature de l'homme & de ses facultés principales, relativement au Droit naturel.

E Droit naturel est le système de ces regles de justice & d'équité que Dieu a gravées dans nos cœurs, & que la seule raison nous révele. Ces regles ont le même rapport avec la nature de l'homme, que

Tome I.   A

les lois physiques ont avec la nature des corps. Or comme c'est par l'examen des corps & de leurs propriétés, que la Physique expose les lois des corps; c'est aussi par la nature de l'homme & de ses principales facultés que nous devons rechercher les lois naturelles.

L'homme est un être doué d'intelligence & de raison; un être composé d'un corps organisé & d'une ame raisonnable. Quant au corps, l'homme est un être organisé, composé de parties solides & fluides: il se meut par lui-même; foible dans ses commencemens, croît peu à peu par la nourriture jusqu'à un certain point, où il paroît dans sa fleur & dans sa force, d'où il déchoit insensiblement, pour passer à la vieillesse, qui le conduit enfin à la mort. Tel est le cours ordinaire de la vie humaine, à moins qu'elle ne se trouve abrégée par quelque maladie ou quelqu'accident.

Mais, outre la machine admirable de son corps, l'homme a de plus en partage une ame raisonnable qui le distingue avantageusement des bêtes. C'est par cette noble partie de lui-même que l'homme pense & peut se faire de justes idées des différens objets qui se présentent, les comparer ensemble, tirer des principes connus des vérités inconnues, juger sainement de la convenance des choses entr'elles & des rap-

ports qu'elles ont avec nous, délibérer sur
ce qu'il doit faire & ne pas faire, & se déterminer en conséquence à agir d'une maniere ou d'une autre. Notre esprit se rappelle le passé, le joint avec le présent, &
pousse ses vues jusque dans l'avenir. Il est
capable de voir les causes, les progrès &
les suites des choses, & découvrir ainsi,
comme d'une seule vue, le cours entier
de la vie; ce qui le met en état de se pourvoir des choses nécessaires à son entretien.
D'ailleurs en tout cela, il n'est point assujetti à une force qui en détermine les opérations d'une maniere uniforme & invariable; il peut agir ou ne point agir, suspendre ses actions & ses mouvemens, les
diriger & les régler comme il le trouve à
propos.

Les différentes parties dont l'homme est
composé, font la source d'autant d'especes
d'actions différentes. Il y en a que l'on regarde comme provenantes uniquement de
l'ame, telles qu'affirmer, nier, juger, raisonner, concevoir, méditer, &c. D'autres
sont propres du corps, telle que la circu-
lation du sang, le mouvement du cœur, la
digestion, &c. On en distingue encore des
mixtes, auxquelles les deux substances
de l'homme ont part, comme parler, marcher, respirer, & suivant quelques Physio-
logistes, les mouvemens des yeux, de la
tête, des bras, &c,   A ij

Les actions qui dépendent de l'ame, ou dans leur origine ou dans leur direction, s'appellent *actions humaines* ou *volontaires*. C'est donc l'ame qui est le principe des actions humaines, & comme ces actions ne sont pas assujetties à une force qui les détermine d'une maniere uniforme & invariable, comme nous avons dit, elles sont susceptibles d'une regle qui les dirige à l'avantage de l'homme qui les exécute. Mais pour connoître cette regle de direction des opérations de l'ame, nous devons en examiner les facultés principales.

L'ame, toute simple qu'elle est, nous présente trois facultés principales, qui dans le fond ne sont autre chose qu'autant de manieres différentes d'opérer; savoir, *l'entendement, la volonté & la liberté.* L'entendement est *cette faculté de l'ame, par laquelle elle apperçoit les choses, & s'en forme des idées pour parvenir à la connoissance de la vérité.* Il y a trois especes de vérité : la vérité *métaphysique*, la vérité *logique*, & la vérité *morale.* La vérité métaphysique est l'existence réelle des choses, conforme aux idées auxquelles nous avons attaché les noms dont on se sert pour désigner ces choses. La vérité logique est la conformité des idées avec les objets qu'elles représentent. Enfin, la vérité morale, suivant que nous la prenons ici, c'est la conformité de nos idées avec les rapports que nos actions ont avec la loi. Connoître donc la vérité dans toute son étendue, c'est appercevoir les choses telles qu'elles font en elles-mêmes, leurs rapports avec la loi, & se faire des choses des idées conformes à leur nature & à leurs rapports avec cette même loi.

Il faut ici poser comme un principe incontestable, que l'entendement humain est naturellement droit, & qu'il a en lui-même la force nécessaire pour parvenir à la connoissance de la vérité & pour la discerner de l'erreur; principalement dans les choses qui intéressent nos devoirs, & qui doivent former les hommes à une vie vertueuse, honnête & tranquille; pourvu que d'ailleurs l'homme y apporte les soins & l'attention qui dépendent de lui. Le sentiment intérieur & l'expérience concourent à nous convaincre de la vérité de ce principe. L'entendement est certainement borné; souvent nous suçons avec le lait des préjugés que l'éducation a de la peine de corriger. Quelquefois les passions nous entraînent dans les erreurs les plus grossieres. Souvent par légéreté nous n'apportons pas l'attention convenable aux propositions que nous admettons, quelque intérêt que nous eussions de les examiner & de les connoître à fond. Mais la seule conséquence que nous devons tirer de-là, est qu'il faut cultiver notre raison, nous défier de nous-mêmes, apprendre à douter & à suspendre nos jugemens, être en garde contre nos passions, & se bien persuader que sans notre faute, l'entendement est naturellement droit. (Voyez *Burlamaqui*, Tom. I. pag. 9. & suiv.)

C'est par ces moyens que nous pouvons enfin parvenir à une connoissance claire & distincte des choses & de leurs rapports, des idées & de la conformité de ces idées avec leurs originaux; & acquérir la connoissance de la vérité. Le caractere essentiel de la vérité est l'évidence qui produit nécessairement une conviction intérieure, qui fait le plus haut degré de la certitude. Il est vrai que tous les objets ne s'offrent pas à nous avec une lumiere aussi vive; & que malgré tous nos soins, & toute l'application que l'on peut y apporter, l'on ne peut très-souvent se procurer que des lueurs, qui selon qu'elles font plus ou moins fortes, produisent différens degrés de probabilité & de vraisemblance. C'est une suite nécessaire des bornes de nos facultés.

Au reste, il suffit que l'homme puisse relativement à sa destination, & à son état, connoître avec certitude les choses qui intéressent sa perfection & sa félicité.

Je dis *avec certitude*, & non pas *avec évi-*
dence ; car tout homme peut connoître ses
devoirs avec certitude, soit par son propre
travail, soit par le témoignage des autres,
tandis que les connoître avec évidence
n'appartient qu'aux personnes éclairées par
des connoissances supérieures.

L'objet donc de l'entendement, est la
vérité ; c'est à la découvrir que tous les
efforts de l'homme doivent tendre. La perfection de l'entendement à laquelle nous
devons sans cesse travailler, c'est la connoissance de la vérité ; plus l'on s'approche
de cette connoissance, & plus l'entendement est parfait.

L'erreur s'oppose directement à la vérité ; car l'erreur est l'opposition de nos
idées avec la nature & l'état des choses,
& leurs rapports avec les lois. L'ignorance que l'on confond souvent mal-à-
propos avec l'erreur, n'est qu'une privation d'idées. Ce n'est donc que l'erreur
qui peut être le principe des mauvaises
actions, & non pas l'ignorance, qui n'é-
tant en elle-même qu'une simple privation
d'idées, ne sauroit rien produire. En effet
l'erreur étant une suite nécessaire d'un
faux jugement, si un ignorant, se reconnoissant pour tel, s'abstenoit de tout jugement, il ne tomberoit jamais dans l'erreur, & n'agiroit pas en conséquence, car

nous n'agiſſons que par une détermination de la volonté, qui ne peut ſe déterminer ſans une connoiſſance préalable, vraie ou fauſſe qu'elle ſoit.

En conſidérant cependant l'ignorance comme cauſe de l'erreur, elle peut être auſſi regardée comme principe médiat de nos actions; & c'eſt pour cela que les Juriſconſultes confondent l'ignorance avec l'erreur; en ſorte que ce qu'ils diſent de l'une, ils l'attribuent auſſi à l'autre. C'eſt dans ce ſens que l'on diſtingue également l'ignorance & l'erreur, en ignorance ou erreur *de fait*, & ignorance ou erreur *de droit*; en ignorance ou erreur *volontaire*, & ignorance ou erreur *involontaire*; en ignorance ou erreur *vincible*, & ignorance ou erreur *invincible*, &c.

L'ignorance ou l'erreur eſt *de fait* ou *de droit*, ſuivant que l'on ignore ou que l'on ſe trompe ſur un fait qui n'eſt pas bien connu, ou ſur la diſpoſition d'une loi. On appelle auſſi erreur de fait, lorſqu'un fait eſt avancé par un autre, & que cela eſt fait par ignorance; en ce cas c'eſt une erreur ou un faux énoncé; mais ſi le fait faux eſt avancé ſciemment, il y auroit de la mauvaiſe foi. On peut être dans l'ignorance par rapport au droit poſitif; mais perſonne n'eſt préſumé ignorer le droit naturel. Les gens même les plus ſimples,

les plus grossiers ne sont pas excusés à cet égard. *Nec in ea re rusticitati venia præbeatur.* (a)

L'ignorance ou l'erreur de fait commune est celle où sont tombés la plupart de ceux qui auroient intérêt de savoir un fait qu'ils ont cependant ignoré. C'est une maxime en droit que *error communis facit jus ;* c'est-à-dire, qu'elle excuse celui qui y est tombé comme les autres.

Les Jurisconsultes Romains ont employé un titre entier pour traiter expressément *de l'ignorance du droit & de celle du fait* (b); mais ils ne l'envisagent pas tant comme ayant quelqu'effet par rapport aux actions morales, que comme servant à faire acquérir, conserver ou perdre quelque droit ou quelque action en justice. Tout ce qu'ils disent se réduit à ceci en général : que l'ignorance du droit est ordinairement accompagnée de quelque négligence inexcusable; mais qu'il n'en est pas de même de l'ignorance du fait : & qu'ainsi l'équité est qu'il n'y ait que la premiere qui nuise. *Regula est, juris quidem ignorantiam cuique nocere, facti verò ignorantiam non nocere* (c).

____

(a) Lib. II. *Cod. de in jus voc.*
(b) Digest. Lib. XXII. Tit. VI. Cod. Lib. II. Tit. XVIII. Voyez Domat, *Lois civiles,* &c. I. P. Liv. I. Tit. XVIII. Sect. I.
(c) Digest. ibid. Leg. IX.

A v

L'ignorance dans laquelle on fe trouve par fa faute, ou l'erreur contractée par négligence, & dont on fe feroit garanti fi l'on eût pris tous les foins & apporté toute l'attention dont on étoit capable, eft une ignorance *volontaire*, c'eft une erreur vincible; mais l'ignorance eft involontaire & l'erreur invincible, fi elles font telles que l'on n'ait pu ni s'en garantir ni s'en relever, même avec tous les foins moralement poffibles, c'eft-à-dire, à juger felon la conftitution des chofes humaines & de la vie commune.

On diftingue encore l'ignorance ou l'erreur *effentielle* d'avec l'ignorance ou l'erreur *accidentelle*. L'ignorance ou l'erreur effentielle eft celle qui a pour objet quelque circonftance néceffaire dans l'affaire dont il s'agit, & qui par cela même a une influence directe fur l'action faite en conféquence, en forte que, fans cette erreur, l'action n'auroit point été faite. De là vient qu'on appelle auffi cette erreur *efficace*. Au contraire l'erreur accidentelle eft celle qui n'a par elle-même nulle liaifon néceffaire avec l'affaire dont il s'agit, & qui par conféquent ne fauroit être confidérée comme la vraie caufe de l'action.

Toutes ces différentes efpeces d'erreurs peuvent fe réduire à deux claffes générales, favoir, *aux erreurs de pratique*, & *aux erreurs de spéculation.* Les premières font plus aifées à détruire, parce que l'expérience nous apprend fouvent que les moyens que nous employons pour être heureux, font précifément ceux qui éloignent notre bonheur, en nous livrant à de faux biens qui paffent rapidement, & qui ne laiffent après eux que la douleur ou la honte. Alors nous revenons fur nos premiers jugemens, nous révoquons en doute des maximes que nous avons reçués fans examen, nous les rejetons, & nous détruifons peu-à-peu le principe de nos égaremens. Mais nous tenons davantage aux erreurs de fpéculation, parce qu'il eft rare que l'expérience nous les faffe reconnoître. Leur force fe cache dans nos premières habitudes, & fouvent incapables d'y remonter, nous fommes comme dans un labyrinthe dont nous effayons toutes les routes : & fi nous découvrons quelquefois nos méprifes, nous ne pouvons prefque pas comprendre comment il nous feroit poffible de les éviter. Mais ces erreurs font peu dangereufes, fi elles n'influent pas fur notre conduite : & fi elles y influent, l'expérience peut encore les corriger.

Mais ce n'étoit pas affez que l'ame eût la faculté de fe repréfenter les objets & de les connoître ; il falloit encore un principe d'activité qui la mît en mouvement, une faculté par laquelle l'homme après avoir connu les objets qui se présentent, pût se déterminer à agir ou à ne pas agir, selon qu'il le juge convenable. C'est cette faculté qu'on appelle *volonté*. La volonté est donc cette puissance de l'ame par laquelle elle se détermine d'elle-même, & en vertu d'un principe d'activité inhérent à sa nature, à rechercher ce qui lui convient & à agir d'une certaine maniere, à faire une action ou à ne la pas faire ; toujours en vue de son bonheur.

Le *bonheur* est cette satisfaction intérieure de l'ame qui naît de la possession d'un bien. Le *bien* est tout ce qui convient à l'homme pour sa conservation, pour sa perfection, pour sa commodité ou son plaisir réels. Le mal au contraire, est tout ce qui est opposé à la conservation, à la perfection, à la commodité & aux plaisirs réels de l'homme.

C'est à la volonté qu'on doit rapporter les *instincts*, les *inclinations* & les *passions*. Les instincts sont des sentimens excités dans l'ame par les besoins du corps qui la déterminent physiquement & sous peine de la mort à y pourvoir sans délai. Je dis physiquement ; je ne pense pas cependant que l'harmonie de l'ame & du corps s'exécute par une action réciproque, mais parce

que l'ame ne fauroit renvoyer de pourvoir à temps aux befoins phyfiques du
corps, fans déranger entiérement le mé-
chanifme de celui-ci & en caufer l'entiere
deftruction.

Par *inclinations*, nous entendons ces
pentes de la volonté qui la portent vers
certains objets plutôt que vers d'autres,
mais d'une maniere égale, tranquille, &
fi proportionnée à toutes fes opérations,
que bien loin de les troubler, pour l'ordinaire elles les facilitent. Les paffions font
des mouvemens plus impétueux & plus
turbulens, qui tirent l'ame de fon affiette
naturelle, & qui l'empêchent fouvent de
bien diriger fes opérations. Au refte, inftincts, inclinations, paffions, &c. ce ne
font que des mots différens qui expriment
les actes de la volonté, fuivant les objets
& le degré de force qui la déterminent.
Toute la différence qu'on y remarque,
c'eft que ce qu'on appelle inclinations &
paffions prifes en particulier, varient extrêmement d'un homme à l'autre ; tandis
que les *inftincts* fe trouvent néceffairement
les mêmes dans tous les hommes, parce
que les inftincts dépendent des lois mécaniques naturelles & néceffaires, tandis
que les paffions & les inclinations dépendent entiérement de la liberté.

L'ame fe détermine toujours par un

principe interne & de son bon gré, sans être forcée ni par sa propre nature, ni par une force externe : ce qu'on appelle *agir librement. La liberté* donc est ce principe interne de l'ame par lequel elle se détermine à agir, elle modifie & regle ses opérations comme il lui plaît, en sorte qu'elle peut ou suspendre ses délibérations & ses actions, ou les continuer, ou les tourner d'un autre côté : en un mot, se déterminer & agir avec choix, selon ce qu'elle juge le plus convenable. L'on sent assez que nous ne définissons ici que la liberté physique, car la liberté morale est bien différente ; mais ce n'est pas ici le lieu d'en parler.

On peut donc regarder la liberté comme une faculté de choisir ce que nous trouvons convenable à notre bonheur, & la volonté l'acte de cette faculté ou sa derniere détermination. C'est donc par cette excellente faculté que l'homme a une espece d'empire sur ses actions ; c'est elle qui fait qu'il en est responsable, car s'il ne les choisissoit pas, on ne sauroit les lui imputer.

Il est aisé de voir que l'objet de la liberté doit être *le bien ;* car le choix de l'homme doit tomber sur ce qui est convenable à son vrai bonheur ; & comme le bien est une suite du *vrai,* le faux ne

nous y menant pas par lui-même, il s'enfuit que la liberté ne fauroit choifir le bien,
fi l'entendement n'a pas découvert préalablement le vrai. L'on voit par-là encore
la néceffité de fe perfectionner, car fans
la connoiffance du vrai, point de guide
pour la liberté dans le choix du bien, point
de fûreté dans notre conduite.

A l'égard du vrai il faut remarquer, que
lorfque l'évidence frappe notre efprit,
nous ne fommes plus les maîtres de fuf-
pendre notre jugement. L'évidence l'emporte fur tous nos efforts. Ainfi ayant
l'idée du tout & des parties, il faut néceffairement avouer que le tout eft plus grand
qu'une de fes parties, & égal à toutes prifes enfemble. Mais il n'en eft pas de même
des idées où l'évidence nous manque. Nous
fommes alors entiérement libres dans nos
jugemens ; & quoique nous foyons naturellement portés vers le jugement qui
nous paroît le plus vraifemblable, le plus
probable, cependant comme la probabilité n'ôte pas entiérement le doute fur notre jugement, la force qu'elle produit chez
nous alors eft plus ou moins grande ; mais
elle n'eft pas irréfiftible, comme celle que
l'évidence produit. C'eft donc dans les cas
de probabilité que la liberté humaine fe
déploie entiérement à l'égard du vrai. Et
comme un homme éclairé fe trouve plus

fouvent dans le cas de l'évidence qu'un ignorant, il eft clair que celui-là eft moins libre dans ce fens que ce dernier : & l'on peut dire que la liberté phyfique à l'égard du vrai eft en raifon réciproque des connoiffances.

Il ne faut pas cependant conclure que les perfonnes éclairées foient moins libres que les ignorans, ou les imbécilles. Pour faire connoître exactement en quoi confifte l'erreur où l'on tombe fur cet article particulier de la liberté, je demande s'il y a quelqu'un qui voulût être ignorant ou imbécille, par la raifon que ceux-ci n'étant que rarement frappés de l'évidence, font moins déterminés par de fages réflexions qu'un homme éclairé & de bon fens ? Donner le nom de *liberté* au pouvoir d'être indéterminé, comme on l'eft ordinairement à l'égard des chofes douteufes ou incertaines, de faire le fou, & de fe rendre le jouet de la mifere & de la honte, n'eft-ce pas ravaler un fi beau nom ? Si la liberté confifte à fecouer le joug de la raifon, & à n'être point foumis à l'évidence, qui nous empêche de choifir le pire : fi c'eft là, dis-je, la véritable liberté, les foux & les infenfés feront les feuls libres. La nature de la liberté confifte proprement dans le choix ; celui qui ne fait pas choifir, ne fait pas être libre ; tel eft le cas des igno-

rans, des imbécilles, des infensés. Ceux
au contraire qui par une connoiffance préalable de la nature des chofes, font en état
de bien choifir, ceux-là feulement méritent le nom d'*agens libres.*

Mais une remarque fort importante à
faire fur cette matiere, c'eft que l'homme
eft bien libre à l'égard des biens & des
maux particuliers ; mais il ne l'eft pas à
l'égard du bien & du mal en général. Le
bien perfectionne notre exiftence, le mal
au contraire la détruit. Nous embraffons
donc le bien & évitons le mal par une
fuite néceffaire de la loi de la confervation
de nous-mêmes; loi phyfique & par conféquent néceffaire. Mais à l'égard des biens
& des maux en particulier, nous fommes
libres précifément, parce que nous ne le
fommes pas à l'égard du bien & du mal en
général. L'homme par fa deftination, étant
dans une néceffité abfolue de defirer & de
chercher le bien, & de fuir au contraire
le mal en général, s'il n'étoit pas libre à
leur égard, il feroit expofé à tout moment
de fe tromper dans fon choix, le bien fouvent fe préfentant fous l'apparence du
mal, & celui-ci fous celle du bien. Il feroit donc porté néceffairement à chercher
le bien, à éviter le mal, fans avoir la faculté de les démêler par la fufpenfion de
la réflexion : la contradiction eft manifefte,

Ajoutons encore que l'idée du bien en général étant une idée simple, elle est claire, elle est évidente, & la volonté ne sauroit s'y refuser. Mais quant au bien particulier, l'idée en étant fort composée, nous ne la saisissons pas d'abord ni dans toute son étendue. Ainsi les biens particuliers se présentent mêlés avec les maux, & les maux avec les biens. De plus, chaque objet fait des impressions différentes, selon qu'il agit sur l'homme par divers endroits. Car les uns, par exemple, le touchent du côté de l'estime ou de l'idée avantageuse qu'il a de lui-même. Les autres frappent ses sens extérieurs d'une maniere qui lui cause du plaisir ; les autres l'intéressent par l'amour de soi-même qui l'affectionne à sa propre conservation. Il envisage les premiers comme *honnêtes & bienséans* ; les seconds comme *agréables,* & les derniers comme *utiles.* Chacun de ces biens en particulier entraîne l'homme vers lui avec plus ou moins de violence, selon que les impressions qu'il fait sur son cœur sont plus ou moins fortes. Mais la réflexion & par conséquent la liberté, aide alors l'homme à en démêler le réel de l'apparent ; le bien solide & durable, du bien faux & passager.

C'est sur cette liberté que tout le système de la morale est fondé. Réflexions, délibérations, recherches, actions, jugemens ; tout cela suppose la liberté. De là les idées du bien & du mal, du vice & de la vertu : de là le blâme ou la louange, la condamnation ou l'approbation de notre propre conduite, ou de celle d'autrui. Il en est de même des affections & des sentimens naturels des hommes les uns envers les autres ; comme l'amitié, la bienveillance, la reconnoissance, la haine, l'aversion, la colère, les plaintes & les reproches : aucun de ces sentimens n'auroit lieu si l'on ne supposoit la liberté. En un mot comme cette prérogative est en quelque sorte la clef du systême de l'humanité, l'ôter à l'homme, c'est tout bouleverser & tout confondre.

On appelle *actions volontaires* celles qui dépendent tellement de la volonté humaine, comme d'une cause libre, que sans sa détermination, produite par quelqu'un de ces actes immédiats, & précédée de la connoissance de l'entendement, elles ne se feroient point, et dont par conséquent l'existence ou la non - existence est au pouvoir de chacun.

Toute action volontaire renferme deux choses ; l'une que l'on peut regarder comme *la matiere* de l'action, & l'autre comme *la forme* ; la premiere c'est le mouvement même de la faculté considéré précisément

en lui-même. L'autre, c'est la dépendance
où est ce mouvement d'un décret de la
volonté, en vertu de quoi on conçoit
l'action comme ordonnée par une cause
libre & capable de se déterminer elle-
même. L'usage actuel de la faculté considéré précisément en lui-même, s'appelle
plutôt une *action de la volonté* qu'une *action
libre* ; car ce dernier titre est affecté seulement au mouvement des facultés envi-
sagé comme dépendant d'une libre détermination de la volonté; mais on considere
encore les *actions volontaires* ou absolument
& en elles-mêmes, comme des mouvemens physiques produits pourtant par un
décret de la volonté, ou en tant que leurs
effets peuvent être imputés à l'homme.
Lorsque les actions volontaires renferment cette vue réfléchie, on les appelle
actions humaines : & comme on passe pour
bien ou mal morigéné, selon que ces sortes d'actions sont bien ou mal exécutées,
c'est-à-dire, selon qu'elles conviennent
ou ne conviennent pas avec la loi qui est
leur regle ; & que les dispositions même
de l'ame qui résultent de plusieurs actes
réitérés, s'appellent *mœurs :* les actions
humaines à cause de cela portent aussi le
titre d'*actions morales.* Voyez sur cette leçon Locke sur l'*Entendement humain.* Mal-
lebranche, *Recherches de la vérité.* Wolfius,

Pſycol. Empir. & Ration. Condillac, *Ori-
gine des connoiſſances humaines.* Bonnet,
Eſſai analytique ſur les facultés de l'ame.
Burlamaqui, Tom. I. chap. I. & II.

LEÇON II.

*L'homme eſt une créature capable de direction
morale, & comptable de ſes actions ; ſes
divers états.*

DE la nature de l'homme que nous
venons d'expoſer, réſulte que c'eſt
une créature réellement capable de choix
& de direction dans ſa conduite. Car au
moyen de ſes facultés il peut connoître
la nature des choſes & leurs rapports avec
ſon bonheur ; il peut ſuſpendre ſa détermination, pour choiſir ſenſément ce qui
lui eſt convenable. Ce n'eſt pas donc ſans
raiſon qu'avant que de chercher les regles qu'il doit ſuivre, nous avons expoſé
la théorie de ſes principales facultés. En
effet puiſque ces regles doivent nous faire
diſtinguer ce qui eſt naturellement bon
d'avec ce qui eſt naturellement mauvais,
comment déterminerions-nous ce qui eſt
naturellement bon ou mauvais, ſi ce n'eſt
par l'eſſence & la nature de l'homme lui-

même, & par l'effence & la nature des chofes, en confidérant la convenance ou la difconvenance des actions avec cette effence & cette nature ? Cette vérité eft confirmée par l'expérience. Que quelqu'un vous ait donné une jufte idée des lois de la nature, examinez enfuite ce qui fe trouve dans l'homme & dans les autres chofes, en vertu de leur effence & de leur nature, & vous verrez que vous comprendrez clairement par là pourquoi nos actions libres doivent être réglées & déterminées de la maniere que la regle les prefcrit. Il en eft des lois morales comme des lois phyfiques, qui font tellement conformes à la nature & aux propriétés des corps, qu'on ne fauroit en changer une feule fans renverfer entierement l'univers.

Puifque l'homme choifit lui-même par fa liberté, il eft cenfé l'auteur immédiat de fes actions, il en eft comptable, & elles peuvent raifonnablement lui être imputées : car imputer une action à quelqu'un, c'eft la lui attribuer comme à fon véritable auteur, la mettre pour ainfi dire fur fon compte, & l'en rendre refponfable. Il eft donc clair que toute action volontaire eft fufceptible d'imputation, ou que toute action ou omiffion foumife à la direction de l'homme, peut être mife fur le compte de celui au pouvoir duquel il étoit qu'elle se fît ou qu'elle ne se fît pas : & qu'au contraire, toute action dont l'existence ou la non-existence n'a point dépendu de nous, ne sauroit nous être imputée. Voyez Burlamaqui, Tom. I. chap. III. Puffendorff, *Droit de la Nature & des Gens*, Liv. I. chap. V.

Les différens états de l'homme ne sont autre chose que la situation où il se trouve par rapport aux êtres qui l'environnent, avec les relations qui en résultent. On peut ranger ces divers états sous deux classes générales. Les uns sont des états *primitifs & originaires ;* & les autres des états *accessoires* ou *adventifs.* Epictete a compris en peu de mots ces différens états de l'homme, tant primitifs qu'accessoires, auxquels il faut avoir égard pour juger dûment de ses devoirs naturels. « Tu » réunis en toi, dit-il, des qualités qui » demandent chacune des devoirs qu'il » faut remplir. Tu es homme, tu es ci- » toyen du monde, tu es fils de Dieu, tu » es le frere de tous les hommes. Après » cela selon d'autres égards, tu es Séna- » teur, ou dans quelqu'autre dignité, tu » es jeune ou vieux, tu es fils, tu es pere, » tu es mari. Pense à quoi tous ces noms » t'engagent, & tâche de n'en déshonorer » aucun. »

Les états donc primitifs & originaires, font ceux où l'homme fe trouve placé par la main même de Dieu, & indépendamment d'aucun fait humain. Ces états font trois, fuivant les trois manieres différentes de confidérer l'homme. 1°. En tant qu'homme, c'eft-à-dire un être intelligent & raifonnable ; 2°. en tant que créature de Dieu, & tenant de ce premier être fon exiftence, fon effence, fes facultés, &c. 3°. en tant que membre de la fociété.

L'homme, fuivant l'ordre de fes penfées, doit connoître d'abord qu'il exifte & qu'il eft quelque chofe, c'eft-à-dire, un être participant de l'humanité. « La » nature même, dit Ciceron, nous a pour » ainfi dire chargés d'un certain perfon- » nage, en nous élevant beaucoup au » deffus du refte des animaux. »

Enfuite en remontant à fon origine, l'homme connoît qu'il eft redevable de fon exiftence, de fon effence, de fes qualités, &c. au premier être ; car pour peu qu'il faffe ufage de fes facultés, & qu'il s'étudie lui-même, il reconnoît évidemment que c'eft de ce premier être qu'il tient la vie, la raifon, & tous les avantages qui l'accompagnent, & qu'en tout cela il éprouve tous les jours de la maniere la plus fenfible, les effets de la puiffance & de la bonté du Créateur.

Enfin

Enfin le troisieme état primitif & originaire est celui, où les hommes se trouvent les uns à l'égard des autres. Ils habitent tous une même terre : ils sont placés les uns à côté des autres : ils ont tous une nature commune, mêmes facultés, mêmes inclinations, mêmes besoins, mêmes desirs. Ils ne sauroient se passer les uns des autres, & ce n'est que par des secours mutuels qu'ils peuvent se procurer un état agréable & tranquille. Aussi remarque-t-on en eux une inclination naturelle qui les rapproche, & qui établit entr'eux un commerce de services & de bienfaits, d'où résulte le bien commun de tous, & l'avantage particulier de chacun. L'état naturel des hommes entr'eux est donc un état d'union & de société ; la société n'étant autre chose que l'union de plusieurs personnes pour leur avantage commun.

Mais l'homme étant par sa nature un être libre, il peut apporter de grandes modifications à son premier état, & donner par divers établissemens comme une nouvelle face à la vie humaine. De là se forment les états accessoires ou adventifs, qui sont proprement l'ouvrage de l'homme, dans lesquels il se trouve placé par son propre fait & en conséquence des établissemens dont il est l'auteur.

Parmi ces états accessoires, le premier

est celui de *famille*. Cette société est la plus ancienne & la plus naturelle de toutes, & elle sert de fondement à la société civile ; car un peuple ou une nation n'est qu'un composé de plusieurs familles. Les familles commencent par le mariage, & c'est la nature elle-même qui invite les hommes à cette union. De là naissent les enfans, qui en perpétuant les familles, entretiennent la société humaine, & réparent les breches que la mort y fait chaque jour. L'état de famille produit diverses relations : celle de mari & de femme, de pere, de mere & d'enfans ; de freres & de sœurs, & tous les autres degrés de parenté, qui sont le premier lien des hommes entr'eux.

La propriété des biens est un autre établissement très-important qui produit un nouvel état accessoire. Elle modifie le droit que tous les hommes avoient originairement sur les biens de la terre, & distinguant avec soin ce qui doit appartenir à chacun, elle assure à tous une jouissance tranquille & paisible de ce qu'ils possedent : ce qui est un moyen très-propre à entretenir la paix & la bonne harmonie entr'eux.

Mais entre tous les états produits par le fait des hommes, il n'y en a point de plus considérable que l'état civil, ou

celui de la société civile, & du gouvernement.

Le caractere essentiel de cette société,
qui la distingue de la simple société de
nature, c'est la subordination à une autorité souveraine, qui prend la place de l'é-
galité & de l'indépendance. Nous en expli-
querons la nature dans le Droit des Gens.

La société civile & la propriété des biens
ont encore donné lieu à plusieurs autres
établissemens, qui font la beauté & l'ornement de la société, & d'où résultent tout
autant d'états accessoires; comme font les
différentes charges de ceux qui ont quelque part au gouvernement; des Magistrats,
des Juges, des Officiers, des Princes, des
Ministres de la Religion, des Docteurs,
&c. à quoi l'on doit ajouter les Arts, les
Métiers, l'Agriculture, la Navigation, le
Commerce, avec toutes leurs dépendan-
ces : ce qui forme tout autant d'états particuliers, par où la vie humaine est si avantageusement diversifiée. Voyez Burlamaqui, *Droit Naturel*, chap. III. & IV. Tom. I.
pag. 73. & suiv. Puffendorf, *Droit de la
Nature & des Gens*, Liv. I. chap. I. §. VII.
& suiv.

LEÇON III.

*L'homme doit suivre une regle dans sa con-
duite : quel est le moyen de trouver cette
regle ; & des fondemens du Droit en général.*

NOus entendons ici pour *regle* un
principe, une maxime, qui fournit
à l'homme un moyen sûr & abrégé pour
parvenir au but qu'il se propose.

La nature de l'homme autant que ses
besoins, demandoit qu'il eût des principes
fixes de conduite, & qu'il conformât ses
actions à une regle. Ce n'est pas seulement
pour animer notre corps & pour le préser-
ver de la corruption, que Dieu nous a doué
d'une ame. La maniere dont nous sommes
faits, la structure admirable de notre corps,
son étroite union avec l'ame, tout manifeste que Dieu n'a pas formé les hommes
d'une maniere si admirable, pour voir
avec indifférence son plus bel ouvrage se
détruire par leur caprice.

Nous sommes les productions d'un être
infiniment sage : aucune de ses créatures
n'est abandonnée dans ses usages aux caprices du hasard. On le voit par l'unifor-
mité constante de leurs productions ou de

leurs effets. Obfervez le Ciel : ne recon-
noîtrez - vous pas que tous les aftres font
affujettis à leurs révolutions, à des regles
fixes qui les font paroître & difparoître
dans leur temps, de maniere qu'on réduit
leurs variations même à des calculs certains ? Jettez enfuite les yeux fur ce qui
végete, vous y découvrirez des manieres
de procéder aufli conftantes qu'elles font
admirables. Tous les animaux d'une même
efpece ont la même conformation ; tous
procedent ou font pouffés à leur propaga-
tion par des lois conftantes & toujours
obfervées. L'être raifonnable feroit-il donc
le feul qui vivroit fans regles & fans lois,
qui démentiroit fa nature, qui auroit été
doué en vain de fon intelligence, qui ne
naîtroit avec un fentiment de l'ordre, que
pour avoir le privilege de s'en écarter au
gré de fes defirs ? Dieu ne l'auroit-il
comblé de dons plus parfaits que pour lui
donner plus de moyens de fe fouftraire à
fa dépendance ? Seroit-il même poffible de
concevoir qu'un être créé, ne fût pas tenu
à agir felon les vues de celui qui lui a donné
l'exiftence ? Le Créateur eût-il été fage,
s'il ne s'étoit pas propofé dans la production de fes créatures, des fins convenables à
leur nature, s'il ne les eût pas foumifes à
des lois propres à les conduire à ces
mêmes fins ? Le chaos, le défordre & la

confusion, nous offrent-ils quelqu'idée de sagesse? N'est-ce pas au contraire de l'ordre constant qui regne dans le monde, que l'on conclut que le monde est l'ouvrage d'une nature plus excellente & supérieure à tout ce que nous y découvrons? Et tandis que Dieu a disposé tous les autres êtres avec une sagesse infinie, auroit-il laissé les seules créatures raisonnables dans le désordre? C'est une présomption qui n'entrera jamais dans l'esprit d'un homme raisonnable. En effet, Dieu ne l'a pas créé sans sagesse; mais en le créant d'une nature plus excellente que ses autres productions, Dieu forma sur sa destinée des desseins plus sublimes. Il voulut que la félicité dont il le rendit capable, ne lui fût accordée qu'à titre de récompense, & la récompense suppose des mérites, & les mérites la liberté. Dieu laissa donc l'homme dans la main de son propre conseil. Il porte en lui-même le principe de ses déterminations, il agit par choix; mais le choix d'une créature sujette à se tromper, doit être réglé sur les notions que la raison lui donne. Voilà donc la regle, de même que sa nécessité.

La regle suppose nécessairement une fin que l'on obtient en se conformant à la même regle; mais pour peu que l'homme réfléchisse sur lui-même, il reconnoît bien

tôt qu'il ne fait rien qu'en vue de son bonheur, & que c'est la derniere fin qu'il se
propose dans toutes ses actions, ou le dernier terme auquel il les rapporte. C'est
une vérité dont nous sommes instruits par
le sentiment intérieur & continuel que
nous en avons.

Telle est en effet la nature de l'homme,
qu'il s'aime nécessairement lui-même,
qu'il cherche en tout & par-tout son avantage, & qu'il ne sauroit jamais s'en détacher. Nous desirons naturellement le bien
& nous le cherchons nécessairement. Ce
desir précede toutes nos réflexions, &
n'est point laissé à notre choix. Il domine
en nous, il devient le mobile de toutes
nos déterminations, & notre cœur ne se
porte vers aucun bien particulier, que par
l'impression naturelle qui nous pousse vers
le bien en général. Il ne dépend pas de
nous de changer cette pente de la volonté,
c'est le Créateur lui-même qui nous l'a
donnée : & véritablement, s'il est de la
nature de tout être intelligent & raisonnable, d'agir toujours dans une certaine vue
& pour une certaine fin, il n'est pas moins
évident que cette vue ou cette fin n'est
jamais, en dernier ressort, que lui-même,
& par conséquent son propre avantage,
son bonheur. Le desir de la félicité est donc
aussi essentiel à l'homme, que la raison

même ; il en eſt inſéparable ; car il y auroit
de la contradiction à ſuppoſer un être raiſonnable qui pût ſe détacher de ſes intérêts , ou être indifférent ſur ſa propre
félicité. Nous remarquons enfin le même
reſſort chez ceux qui s'abandonnent à leurs
paſſions, & qui ſe livrent aux crimes les
plus honteux. En faiſant le mal ils veulent
être auſſi heureux : ils ſe croient miſéra-
bles, lorſqu'ils ne peuvent parvenir à la
ſatisfaction qu'ils ſe promettent de l'accompliſſement de leurs deſirs : ils ſe croient &
ſe diſent heureux, lorſqu'ils y ſont parvenus.

Il ne faut donc pas enviſager l'amour
de ſoi-même & le ſentiment qui nous atta-
che à notre bonheur, comme un principe
mauvais de ſa nature, & comme le fruit
de ſa dépravation. Ce ſeroit accuſer l'auteur de notre exiſtence, & convertir en
poiſon ſes plus beaux préſens. Tout ce qui
vient de l'être ſouverainement parfait,
eſt bon en ſoi-même ; & ſi, ſous prétexte
que l'amour propre mal entendu & mal
ménagé eſt la ſource d'une infinité de déſordres, on vouloit condamner ce ſentiment comme mauvais en ſoi, il faudroit
auſſi condamner la raiſon, puiſque c'eſt
de l'abus qu'en font les hommes, que proviennent les erreurs les plus groſſieres &
les plus grands déréglemens. D'ailleurs

perſonne ne condamne l'amour de nos
ſemblables, comme un principe mauvais
de ſa nature. Or, l'amour de nos ſemblables
n'eſt qu'une ſuite néceſſaire de l'amour de
nous-mêmes, comme nous le ferons voir
plus clairement dans la ſuite.

Mais s'il eſt vrai que l'homme ne fait rien
qu'en vue de ſon bonheur; il n'eſt pas
moins certain, que c'eſt uniquement par
la raiſon que l'homme peut y parvenir.
En effet l'homme éprouve ſans ceſſe qu'il
y a des choſes qui lui conviennent, & d'autres qui ne lui conviennent point; que les
premieres ne lui conviennent pas toutes
également, mais que les unes lui conviennent plus que les autres; enfin que cette
convenance dépend le plus ſouvent de l'u-
ſage qu'il ſait faire des choſes; & que la
même choſe qui peut lui convenir, à en
uſer d'une certaine maniere & dans une
certaine meſure, ne lui convient plus dès
qu'il ſort des bornes de cet uſage. Ce n'eſt
donc qu'en reconnoiſſant la nature des
choſes, les rapports qu'elles ont entr'elles,
& ceux qu'elles ont avec nous, que nous
pouvons découvrir leur convenance ou
leur diſconvenance avec notre félicité;
diſcerner le bien des maux; placer chaque
choſe en ſon rang; donner à chacune ſon
véritable prix, & régler en conſéquence
nos deſirs & nos recherches. Mais le

moyen d'acquérir ce difcernement, finon
en fe formant des idées juftes des chofes
& de leurs rapports, & en tirant de ces
premieres idées les conféquences qui en
découlent par des raifonnemens exacts &
bien fuivis ? Or c'eft à la raifon feule que
toutes ces opérations appartiennent. Car
en quelque terme que l'on prenne le terme
de *raifon*, il fignifiera toûjours le principal
inftrument qui nous fert à découvrir & à
démontrer la vérité. Or tout homme qui
eft guidé par une faculté dont le feul em-
ploi eft de diftinguer & de démontrer la
vérité, fera néceffairement le difciple de
la vérité, & ne fera rien qui lui foit contraire : & par conféquent il difcernera les
biens des maux, placera chaque chofe en
fon rang, & donnera à chacune fon véritable prix. C'eft là où aboutit uniquement, ou plutôt doit aboutir tout le favoir
humain.

Mais ce n'eft pas tout. Il ne fuffit pas
pour parvenir au bonheur, de fe faire de
juftes idées de la nature & de l'état des
chofes ; il eft encore néceffaire que dans
notre conduite, la volonté fuive conftam-
ment ces idées & ces jugemens ; or il n'y
a que la raifon qui puiffe communiquer à
l'homme & entretenir en lui cette force
qui eft néceffaire pour bien ufer de fa liberté, & pour fe déterminer dans tous les

cas, conformément aux lumieres de l'entendement, malgré les impreſſions & les
mouvemens qui pourroient le porter au
contraire.

La raiſon eſt donc, à tous égards, le
ſeul moyen qu'ayent les hommes de parvenir au bonheur, qui eſt auſſi la principale
fin pour laquelle ils l'ont reçue. Toutes
les facultés de l'ame ſe rapportent à cette
fin ; & par conſéquent c'eſt cette même
raiſon qui peut nous indiquer la vraie regle
des actions humaines. En effet, ſans ce
guide fidele, l'homme vivroit au haſard ;
il s'ignoreroit lui-même ; il ne connoîtroit
ni ſon origine ni ſa deſtination, ni l'uſage
qu'il doit faire de tout ce qui l'environne :
ſemblable à un aveugle, il broncheroit à
chaque pas, & s'égareroit ſans fin comme
dans un labyrinthe.

Nous pouvons donc conclure par ce
que nous venons de dire que la premiere
idée du terme de *droit*, pris dans le ſens
le plus général, & auquel tous les ſens
particuliers ont quelque rapport, n'eſt
autre choſe que tout ce que la raiſon
connoît certainement comme un moyen
ſûr & abrégé de parvenir au bonheur, &
qu'elle approuve comme tel. Cette définition eſt le réſultat des principes que nous
avons établis. Car, puiſque le *droit*, dans
ſa premiere notion ſignifie tout ce qui di-

rige ; puisque la direction suppose un but ,
une fin à laquelle on veut parvenir ; puisque la derniere fin de l'homme est le bonheur, & enfin puisque l'homme ne peut
parvenir au bonheur que par la raison ; il
s'ensuit évidemment que le droit en général , est tout ce que la raison approuve
comme un moyen sûr & abrégé de parvenir au bonheur. C'est aussi en conséquence de ces principes , que la raison ,
s'approuvant elle - même , lorsqu'elle se
trouve bien cultivée , & dans cet état de
perfection où elle sait user de tout le discernement qui lui est propre , s'appelle la
droite raison par excellence , comme étant
le premier moyen de direction & le plus
sûr par lequel l'homme puisse aller à sa félicité. Les Jurisconsultes Romains s'en sont
tenus au même principe. Le droit ou la loi
de l'homme , suivant eux , est une raison
entée sur la nature , qui commande ce qu'il
faut faire & qui défend l'opposé : *Lex est
ratio insita in naturâ , quæ jubet ea quæ fa-
cienda sunt , prohibetque contraria.*

LEÇON IV.

Regles générales de conduite que la raison nous donne. Nature de l'obligation & ses premiers fondemens. Du Droit & de l'obligation qui y répond.

APrès avoir connu dans la Leçon précédente le guide fidele qui doit nous diriger dans tous nos pas, il faut à préfent l'interroger pour apprendre de lui les regles principales de notre conduite & les caracteres des vrais biens & des vrais maux, afin de marcher toujours dans le chemin de la vraie félicité.

La premiere regle que la raison nous fournit, regarde la connoiffance des biens & des maux & leurs différences. Elle nous confeille donc *d'examiner avec attention la nature des biens & des maux, & d'en obferver avec foin les différences, afin de donner à chaque chofe fon jufte prix.* Ce difcernement n'eft pas difficile à faire. Une légere attention fur ce que nous expérimentons tous les jours nous apprend d'abord, 1°. que l'homme étant un être compofé d'un corps & d'une ame, il y a auffi des biens & des maux de deux fortes; savoir fpirituels &

corporels. Les premiers font ceux qui affectent principalement l'ame ; les feconds font ceux qui ont leur fiege dans le corps, & qui l'affectent particuliérement.

2°. Le fecond difcernement que la raifon nous confeille de faire des biens & des maux, c'eft celui de *féparer les vrais biens & les vrais maux des biens & des maux qui ne font qu'apparens.* Les bornes étroites de notre entendement, les paffions, nous empêchent fouvent de démêler la réalité des apparences, & ce n'eft que la raifon qui peut alors nous guider en fûreté.

3°. La durée des biens & des maux doit auffi entrer dans ce calcul, parce qu'elle en augmente ou en diminue la quantité. Il y a en effet des biens & des maux folides & durables ; il y en a d'autres qui ne font qu'inconftans & paffagers.

4°. Il y a encore des biens & des maux préfens, & des biens & des maux à venir, qui font l'objet de nos efpérances ou de nos craintes.

5°. Il y á des biens & des maux particuliers qui n'affectent que quelques individus ; & d'autres qui font communs & univerfels auxquels tous les membres de la fociété participent. Le bien du tout eft le véritable bien ; celui d'une des parties, oppofé au bien du tout, n'eft qu'un bien apparent, & par conféquent un vrai mal.

L'examen donc des biens & des maux eſt
fondé ſur ces différentes eſpeces ; & c'eſt
cet examen qui nous menera naturellement
aux regles ſuivantes.

*Le vrai bonheur ne ſauroit conſiſter dans
des choſes qui ſont incompatibles avec la nature & l'état de l'homme.* Ce qui eſt incompatible avec la nature d'un état tend à ſa
deſtruction. Or il eſt clair que ce qui tend
à la deſtruction de l'homme, eſt incompatible avec ſon bonheur.

*Pour ſe procurer un ſolide bonheur, il ne
ſuffit pas de faire attention au bien & au mal
préſens ; il faut encore examiner quelles en
ſeront les ſuites naturelles, afin que comparant le préſent avec l'avenir & balançant l'un
par l'autre, on puiſſe connoître d'avance quel
en doit être le réſultat.* C'eſt la connoiſſance
principalement des ſuites naturelles des
biens & des maux qui éleve l'homme au-
deſſus des bêtes, dont les connoiſſances
n'ont que des objets préſens ; & comme
ces ſuites peuvent ſouvent être de nature
à changer le bien en mal, & le mal en
bien, il eſt très-important de ne pas les
oublier dans un calcul raiſonnable.

*Il eſt donc contre la raiſon de rechercher
un bien, qui cauſera certainement un mal
plus conſidérable,* car ce prétendu bien
devient alors un vrai mal.

Au contraire, rien n'eſt plus raiſonnable

que de se résoudre à souffrir un mal, dont il doit certainement nous revenir un plus grand bien.

L'on doit préférer un plus grand bien à un moindre ; car tendre lentement à notre bonheur par un moindre bien, pendant que nous pouvons l'obtenir plus promptement par un plus grand, c'est agir sans avoir véritablement en vue notre bonheur.

On doit aspirer toujours aux biens les plus excellens qui peuvent nous convenir, & proportionner nos desirs & nos recherches à la nature & au mérite de chaque chose. S'arrêter aux biens moindres, tandis que l'on peut viser aux plus grands, aux plus excéllens, c'est perdre de vue son bonheur. Desirer ou rechercher un bien avec plus d'empressement qu'il ne mérite, ou au contraire, ne le desirer ni le rechercher avec l'empressement qu'il mérite, c'est ne le pas connoître, c'est ne lui pas donner le prix qu'il mérite, c'est se tromper.

Il n'est pas nécessaire d'avoir une entiere certitude à l'égard des biens & des maux considérables : la seule probabilité suffit pour engager une personne raisonnable à se priver de quelques petits biens, & même à souffrir quelques maux légers, en vue d'acquérir des biens beaucoup plus grands, ou d'éviter des maux beaucoup plus fâcheux. Lorsque nous ne pouvons pas obtenir l'évidence, il est très-raisonnable de nous conduire suivant la probabilité, quand même il faut sacrifier un petit bien certain pour en obtenir un plus grand incertain. La conduite générale des hommes justifie assez cette regle.

Dans le doute, il faut se décider pour le parti le plus sûr, & où il n'y a point de risque. Supposons, par exemple, que les argumens dont on se sert pour soutenir la mortalité de l'ame, fussent de la même force que ceux dont nous démontrons son immortalité ; il faudroit se décider pour l'immortalité, & agir en conséquence ; car l'erreur, s'il y en avoit une, ne pourroit nous causer aucun préjudice, tandis que l'erreur dans l'opinion de la mortalité nous seroit fatale.

Il ne faut rien négliger pour faire prendre à notre esprit le goût des vrais biens ; en sorte que la considération des biens excellens & reconnus pour tels, excite en nous des desirs, & nous fasse faire tous les efforts nécessaires pour en acquérir la possession. C'est par des actes réitérés que les habitudes se forment, & les habitudes à agir suivant les conseils de la raison forment les vertus.

Mais comme pour souhaiter les vrais biens, il faut les connoître, & qu'on ne parvient à les connoître qu'en perfectionnant notre entendement, un des principaux conseils de la raison c'est *de perfec-*

tionner de toutes nos forces à l'aide des sciences notre entendement. L'empire de la raison augmente, toutes les autres choses d'ailleurs égales, à proportion des connoissances; & nous n'avançons dans le chemin du bonheur qu'à proportion de l'empire de la raison.

Ces regles font si naturelles, qu'il ne dépend pas de nous de penser autrement; nous sommes forcés de les respecter, parce que nous ne pouvons pas en ignorer leur conformité à notre nature, d'où dépend notre véritable bonheur. Nous sommes donc obligés de nous y conformer, c'est-à-dire que la raison nous force, pour ainsi dire, à conformer nos actions à ces regles, & c'est en ce sens qu'on se dit *obligé* à quelque chose par les lumieres de la raison, ou par sa propre conscience. Nous pouvons donc définir *l'obligation, une restriction de la liberté naturelle, reconnue par la raison, éclairée sur ses véritables intérêts & qui détermine l'homme à une certaine maniere d'agir, préférablement à toute autre.*

D'où il s'ensuit que l'homme peut être déterminé avec plus ou moins de force, selon que les raisons sur lesquels il se détermine, ont plus ou moins de poids, & que par conséquent les motifs qui en résultent font plus ou moins d'impression sur notre volonté. Car il est manifeste que plus ces motifs feront puiſſans & efficaces, & plus auſſi la néceſſité d'y conformer nos actions deviendra forte & indiſpenſable. C'eſt ici où l'on ſent quelle doit être la force de l'évidence, & avec quelle prudence nous devons nous conduire dans le cas d'incertitude.

Outre la ſignification de *regle*, le mot de *droit* ſe prend encore en pluſieurs ſens particuliers, qu'il faut indiquer ici. Premiérement, le *droit* ſe prend ſouvent pour une *qualité perſonnelle*, une *puiſſance*, un *pouvoir d'agir*, une *faculté*. C'eſt ainſi que l'on dit que tout homme a le droit de pourvoir à ſa conſervation, qu'un Souverain a le droit de lever des troupes pour la défenſe de l'Etat. Dans ce ſens il faut définir le droit, *un pouvoir qu'a l'homme de ſe ſervir d'une certaine maniere de ſa liberté & de ſes forces naturelles, ſoit par rapport à lui-même, ſoit à l'égard des autres hommes, en tant que cet exercice de ſes forces & de ſa liberté eſt approuvé par la raiſon.*

Il ne faut pas confondre le *ſimple pouvoir* avec le *droit*. Le ſimple pouvoir eſt une qualité phyſique ; c'eſt la puiſſance d'agir dans toute l'étendüe des forces naturelles ; mais l'idée du droit eſt plus reſtreinte. Elle renferme un rapport de convenance avec une regle qui modifie le pouvoir phyſique, & qui en dirige les opérations dans

une maniere propre à conduire l'homme
à un certain but. C'est pourquoi l'on dit
que le droit est une qualité morale.

Ce qui répond au droit pris dans la fig-
nification expliquée, c'est le *devoir*. Car
lorsque la raison approuve que l'homme
fasse un certain usage de ses forces & de
sa liberté, ou lorsqu'elle reconnoît en lui
un certain droit; il faut nécessairement
que pour assurer ce droit à un homme,
elle suggere en même temps aux autres
hommes l'obligation où ils se trouvent de
le laisser jouir paisiblement de son droit;
& qu'ils doivent le respecter, & l'aider
même à en user. C'est l'idée du devoir
qui répond au droit. D'ailleurs le droit
dont nous parlons ici n'est qu'un pouvoir
moral, qui par-là même ne s'étend pas à
l'exercice de toutes les forces physiques,
mais à cette portion de forces qui est ap-
prouvée par la raison. Or si les autres
hommes n'étoient pas obligés de respecter
ce droit, ce pouvoir moral seroit inutile,
parce que personne ne pourroit l'exercer;
le pouvoir physique des autres pris dans
toute son étendue, seroit toujours un obs-
tacle insurmontable par le pouvoir moral,
c'est-à-dire par le pouvoir physique borné
par la raison. Sans cette obligation rigoureuse de respecter les droits des autres,
l'homme endormi n'auroit aucun des droits

de l'homme éveillé, ou plutôt perſonne n'auroit des droits qu'en raiſon de ſon pouvoir phyſique, & la ſociété ne ſubſiſteroit pas plus entre les hommes qu'elle ſubſiſte entr'eux & les bêtes féroces. Car une multitude d'hommes raſſemblés, qui n'admettroient entr'eux aucuns devoirs reſpectifs, aucuns droits réciproques, ne formeroient certainement point une ſociété : elle ne conſiſte pas uniquement dans le rapprochement des hommes; car nous ſavons par notre propre expérience qu'elle peut ſubſiſter entre des hommes très - éloignés les uns des autres, & ne pas ſubſiſter entre des hommes très-voiſins. Ce ſont donc les droits & les devoirs réciproques qui font véritablement la ſociété.

Tous les hommes ont donc des droits & des devoirs réciproques. Il faut cependant mettre ici quelque diſtinction entre le droit & le devoir à l'égard du temps où ces qualités commencent à ſe développer dans l'homme. Les devoirs n'obligent que lorſque l'homme eſt parvenu à l'âge de raiſon & de diſcernement. Car pour s'acquitter d'un devoir ou d'une obligation, il faut ſavoir ce que l'on fait, & être en état de comparer ſes actions avec une certaine regle. Mais pour les droits qui peuvent procurer l'avantage de quelqu'un,

fans qu'il fache ce qui fe paffe, ils prennent naiffance & font valables dès le premier moment de fon exiftence, & mettent
les autres hommes dans l'obligation de les
refpecter.

L'on diftingue les droits & les devoirs
en plufieurs efpeces. Il y a des droits *na-*
turels & des droits *acquis*. Les premiers
font ceux qui appartiennent originairement & effentiellement à l'homme, qui
font inhérens à fa nature, dont il jouit
par cela même qu'il eft homme, indépendamment d'aucun fait particulier de fa
part. Les droits acquis font au contraire
ceux dont l'homme ne jouit pas naturellement, mais qu'il s'eft procuré par fon
propre fait. Ainfi le droit à tout ce qui
contribue à fa confervation, eft naturel
à l'homme ; mais le droit de propriété,
eft un droit acquis.

Il y a des droits *parfaits & rigoureux*, &
des droits *imparfaits & non rigoureux*. Les
droits parfaits & rigoureux font ceux dont
on peut exiger l'effet à toute rigueur, &
s'il eft néceffaire, jufqu'à employer la
force pour en obtenir l'exécution, ou pour
en maintenir l'ufage contre ceux qui vou-
droient nous réfifter, ou nous troubler à
cet égard. Mais lorfque la raifon ne nous
permet pas d'employer les voies de fait,
pour nous affurer la jouiffance des droits

qu'elle nous accorde, alors ces cette dé-
sont qu'imparfaits & non rigoureux, er l'in-
il faut remarquer ici, que cette distinctite,
de droit & des devoirs qui y répondent,
n'a lieu que dans le droit civil; car dans
le droit naturel, tout droit, tout devoir
est parfait & rigoureux. La loi de nature,
ne nous oblige pas moins à faire l'au-
mône, à être reconnoissans, à faire du
bien à ceux qui ont besoin de notre secours, qu'à laisser les autres paisibles pos-
sesseurs de ce qu'il leur faut à leur subsistance, à leur vie. Le droit civil ne pouvant prendre en considération tous les
droits de l'homme, se contente de faire
respecter les plus importans, laissant les
autres à ses sentimens. Mais de ce que le
droit civil ne prend pas connoissance des
droits qu'on appelle *imparfaits* & non *rigoureux*, il ne s'ensuit pas que la raison ne
nous fasse sentir que ces droits sont aussi
sacrés que ceux par lesquels le droit civil
donne action en justice. Si la sanction humaine ne punit pas ceux qui ne s'acquittent
pas des droits imparfaits & non rigoureux,
ou des droits de l'humanité, la justice divine leur donnera une terrible action devant son tribunal. Lisez le Chapitre XXV.
de St. Matthieu.

Il y a encore des droits auxquels on peut
renoncer légitimement, & d'autres à l'égard

desquels cela n'est pas permis. Nous pouvons renoncer à la plupart des droits acquis, mais il ne nous est pas permis de
renoncer aux droits naturels ; car les droits
acquis ordinairement ne sont point accompagnés de devoirs, tandis qu'il n'y a point
de droit naturel sans un devoir à remplir.
Or renoncer à un droit naturel, c'est se
mettre en état de ne pouvoir pas s'acquitter du devoir qui y répond. Ainsi je
puis bien renoncer au droit de propriété
d'une partie de mes biens, mais je ne puis
pas renoncer au droit sur tous mes biens ;
car alors je manquerois de ce qu'il me
faudroit pour ma propre subsistance.

LEÇON V.

De la Loi & du Pouvoir législatif, soit du droit de commander.

UN être indépendant de tout autre être
n'a d'autre regle à suivre que ses
propres caprices ; & par-là il se trouve
affranchi de tout assujettissement à la volonté d'autrui, & il est maître absolu de
lui-même & de ses actions. Mais il n'en est
pas ainsi d'un être que l'on suppose dépendant d'un autre, comme d'un supérieur

&

& d'un maître. Le fentiment de cette dépendance doit naturellement engager l'inférieur à prendre pour règle de fa conduite, la volonté de celui dont il dépend ; puifque l'affujettiffement où il fe trouve ne lui permet pas d'efpérer raifonnablement de pouvoir fe procurer un folide bonheur, indépendamment de la volonté de fon fupérieur, & des vues qu'il peut fe propofer par rapport à lui. Et cela encore a plus ou moins d'étendue & d'effet, à proportion que la fupériorité de l'un ou la dépendance de l'autre fera plus ou moins grande, fera abfolue ou limitée. L'on voit bien que toutes ces remarques s'appliquent à l'homme d'une façon particuliere ; en forte que dès que l'homme reconnoît un fupérieur, à la puiffance & à l'autorité duquel il eft naturellement foumis, c'eft une conféquence de cet état, qu'il reconnoiffe auffi la volonté de ce fupérieur par la *regle* de fes actions. C'eft-là le droit qu'on appelle *Loi.*

Nous pouvons donc définir la Loi, *une regle prefcrite par un fupérieur à un inférieur qui en dépend, pour lui impofer l'obligation de faire certaines actions, ou de s'abftenir d'autres, fous la menace de quelque peine.* Développons-en les idées.

Je dis d'abord que la *Loi* eft une *regle.* Une regle de conduite, fondée fur la nature de l'être qui doit s'y conformer, doit durer autant que la nature de l'être, & doit s'étendre autant que la même nature s'étend : ce qui fait que les principaux *caracteres* d'une loi proprement dite, d'une loi naturelle que nous cherchons principalement ici, font l'*universalité* & la *perpétuité*. C'est mal-à-propos qu'on appelle lois, ces ordonnances passageres & momentanées du pouvoir civil ; car elles ne font ni universelles, ni perpétuelles.

J'ajoute que la loi est une regle prescrite, parce qu'une loi doit être manifestée & connue de ceux qui doivent y conformer leur conduite.

La loi doit être prescrite par *un supérieur à un inférieur qui en dépend* ; car comme la loi est la volonté d'un autre, pour que cette volonté nous oblige, il faut qu'elle foit une volonté supérieure, & que celui qui doit la suivre, en dépende ; car si un inférieur ne dépend pas d'un supérieur, la volonté de celui-ci ne fera jamais une regle de conduite pour lui. Ainsi un Roi d'Espagne n'obligera pas un Suisse à se conformer à sa volonté, quoique le premier soit un supérieur & le second un inférieur. Par cette même condition que la loi exige, elle se distingue d'un conseil, qui donné d'un ami, soit supérieur, soit inférieur, soit égal, en tant que conseil, n'a point force de loi.

La loi impose l'obligation de faire certaines actions, ou de s'abstenir d'autres : c'est à quoi principalement la loi vise, & c'est par-là qu'elle est une regle de conduite, obligeant l'inférieur dépendant à suivre la volonté du supérieur dans ses actions.

J'ajoute enfin, *sous la menace de quelque peine.* C'est ce que l'on appelle la *sanction de la loi.* Car comme celui qui est obligé de se conformer à la volonté d'un supérieur dont il dépend, a le pouvoir physique de s'en écarter, si le supérieur n'avoit pas la force pour l'obliger, son pouvoir législatif seroit très-souvent inutile. C'est donc avec raison, qu'on n'envisage pas comme une loi proprement dite une ordonnance destituée de sanction.

L'idée que nous venons de donner de la loi, nous fait aisément comprendre, que toute loi contient deux parties ; l'une qui détermine ce qu'il faut faire ou ne pas faire, ce qui s'appelle la *disposition de la loi* ; l'autre qui déclare le mal qu'on s'attire en ne faisant pas ce que la loi ordonne, ou en faisant ce que la loi défend ; ce qui s'appelle la *sanction de la loi.*

Quant au but ou à la fin de la loi, elle peut être envisagée ou à l'égard de l'inférieur, ou à l'égard du supérieur. La fin de la loi à l'égard de l'inférieur ou de celui qui doit s'y soumettre, c'est qu'il y conforme fes actions, & que par-là il fe rende heureux. Pour ce qui eft du fupérieur, le but qu'il fe propofe en donnant des lois, c'eft de diriger les démarches de fes inférieurs qui dépendent de fa volonté, au véritable bonheur. L'on voit par-là que ces deux buts reviennent au même, qui eft le bonheur de ceux qui fe conforment aux lois.

La nature & la fin de la loi font connoître quelle en eft la matiere ou l'objet. L'on peut dire en général que ce font toutes les actions humaines, les intérieures auffi bien que les extérieures ; les penfées & les paroles, auffi bien que les actions ; celles qui fe rapportent à autrui, & celles qui fe terminent à la perfonne même, autant du moins que la direction de ces actions peut effentiellement contribuer au bien particulier de chacun, à celui de la fociété en général, & à la gloire du Légiflateur. Ce qui fuppofe naturellement trois conditions : 1°. que les chofes ordonnées par la loi foient *poffibles* dans leur exécution : 2°. que la loi foit de quelque utilité : 3°. qu'elle foit jufte en elle même, c'eft-à-dire, conforme à l'ordre & à la nature des chofes & à la conftitution de l'homme.

L'obligation que les lois impofent, a précifément autant d'étendue que le droit

du supérieur. Ainsi tous ceux qui sont sous
la dépendance du Législateur, se trouvent
soumis à cette obligation. Mais chaque loi
en particulier n'oblige que ceux des sujets
à qui la matiere de la loi convient. Il est
aisé de le connoître par la nature même de
chaque loi, qui marque assez l'intention
du Législateur à cet égard. Car dans chaque loi, ceux qui doivent y être astreints,
sont désignés tantôt d'une maniere ex-
presse, par quelque marque d'universalité,
ou par une restriction à certains individus ;
tantôt en ajoutant quelque condition particuliere, d'où ceux qui la trouvent en
eux-mêmes peuvent conclure aussi-tôt que
cette loi les regarde.

Il arrive pourtant quelquefois que certaines personnes sont libérées de l'obligation d'observer la loi ; c'est ce que l'on
appelle *dispense*. La dispense est un relâ-
chement de la rigueur de la loi, & il est
accordé à certaines personnes pour des
considérations particulieres : *Juris provida
relaxatio*. Sur quoi il faut remarquer 1°. que
si le Législateur peut abroger entiérement
une loi, à plus forte raison peut-il en suspendre l'effet, par rapport à telle ou telle
personne. 2°. Que le seul Législateur a
ce pouvoir. 3°. Qu'il en doit faire usage
sur de bonnes raisons, avec une sage modération, & suivant les regles de l'équité
& de la prudence. C iij

Pour ce qui eſt de la durée des lois &
de la maniere dont elles s'aboliſſent, on
peut poſer les principes ſuivans. 1°. Quant
aux lois naturelles, elles ſont éternelles,
& perſonne n'a le droit de les abolir, ſans
en excepter Dieu lui-même. Car elles
ſont préciſément telles qu'elles conviennent à la nature humaine telle qu'elle eſt;
& on ne ſauroit les changer ou les abolir,
pendant que la nature humaine eſt telle
qu'elle eſt. 2°. Quant aux autres lois, ſoit
divines, ſoit humaines, leur durée dépend
entiérement du bon plaiſir du Légiſlateur.
3°. Cependant toute loi, par elle-même
& de ſa nature eſt cenſée perpétuelle &
faite pour toujours, autant qu'elle ne préſente rien dans ſa diſpoſition ni dans les
circonſtances qui l'accompagnent, qui
marque évidemment une intention contraire du Légiſlateur. 4°. Mais comme il
peut arriver que l'état des choſes change
tellement qu'une loi ne puiſſe plus avoir
lieu, & qu'elle devient inutile ou même
préjudiciable; le Légiſlateur peut & doit
alors la révoquer ou l'abroger. L'intérêt
des ſociétés particulieres des hommes, eſt
comme toutes les choſes humaines, ſujet
à mille révolutions; les mêmes lois & les
mêmes coutumes deviennent ſucceſſive-
ment utiles & nuiſibles aux mêmes perſonnes. C'eſt donc de la prudence du Lé-

giſlateur d'en modifier quelques-unes,
d'en changer d'autres, ou même de les
abolir entiérement.

Cela nous fait ſentir la néceſſité de la
connoiſſance des différentes diviſions de
la loi. On la divise 1°. en *loi divine* & en
loi humaine, ſelon qu'elle a pour auteur
ou Dieu ou les hommes. 2°. La loi divine
eſt encore de deux ſortes, ou *naturelle*,
ou *poſitive* & *révélée*. La loi divine poſitive
révélée eſt celle qui n'eſt pas fondée ſur la
conſtitution générale de la nature humaine, mais ſeulement ſur la volonté de
Dieu. On en trouve des exemples dans
celle que Dieu donna autrefois aux Juifs.

Mais toutes les différentes idées qu'on
peut concevoir des diverſes lois qui s'expriment par les noms des lois divines &
humaines, naturelles & poſitives de la
religion & de la police, du droit des gens
& du droit civil, ou par tous les autres
noms qu'on peut leur donner, ſe rédui-
ſent à deux eſpeces, qui comprennent
toutes les lois de quelque nature qu'elles
ſoient; l'une des lois qui ſont immuables,
& l'autre des lois qui ſont arbitraires. Car
il n'y en a aucune qui n'ait l'un ou l'autre
de ces deux caracteres, qu'il eſt important
de conſidérer, non-ſeulement pour avoir
une idée de cette diſtinction générale des
lois ; mais encore parce que ces deux

caracteres font dans toutes les lois ce qu'elles ont de plus essentiel ; ainsi la connoissance en est nécessaire, & d'un très-grand usage.

Les lois *immuables* s'appellent ainsi, parce qu'elles font naturelles & tellement justes toujours & par-tout, qu'aucune autorité ne peut ni les changer, ni les abolir, & les lois arbitraires font celles qu'une autorité légitime peut établir, changer, abolir, selon le besoin. Ces lois immuables ou naturelles font toutes celles qui font des suites nécessaires des deux premieres ; c'est-à-dire de l'*amour de Dieu & celui du prochain*, & qui font tellement essentielles aux engagemens qui forment l'ordre de la société, qu'on ne sauroit les changer sans ruiner les fondemens de cet ordre ; & les lois arbitraires font celles qui peuvent être différemment établies, changées & même abolies, fans violer l'esprit des premieres lois, fans blesser les principes de l'ordre de la société. Ainsi comme c'est une suite de la premiere loi, qu'il faut obéir aux puissances, parce que c'est Dieu qui les a établies ; & que c'est une suite de la seconde loi, qu'il ne faut faire tort à personne, & qu'il faut rendre à chacun ce qui lui appartient, & que toutes ces regles font essentielles à l'ordre de la société, elles font par cette raison des lois immuables.

Mais les lois qui font indifférentes aux deux premieres, font des lois arbitraires. Ainſi, comme il eſt indifférent à ces deux lois, & à l'ordre naturel de la ſociété, qu'il y ait ou cinq, ou ſix, ou ſept témoins dans un teſtament ; que la preſcription s'acquiere par vingt, par trente ou par quarante ans ; que la monnoie vaille plus ou moins, &c. ce font des lois arbitraires qui reglent ces fortes de choſes, & on les regle différemment, ſelon les temps & les lieux.

Il y a deux cauſes qui ont rendu l'uſage des lois arbitraires néceſſaire, la premiere de ces deux cauſes eſt la néceſſité de régler certaines difficultés qui naiſſent dans l'ap-plication des lois immuables, lorſque ces difficultés ſont telles, que les lois immua-bles ne les reglent point, & qu'il ne peut y être pourvu que par des lois poſitives ; la ſeconde a été l'invention de certains uſages qu'on a cru utiles dans la ſociété. Ainſi les lois arbitraires font de deux fortes, ſelon les deux cauſes qui les ont établies. La premiere eſt de ces lois arbitraires, qui ont été des ſuites des lois naturelles, comme celles qui reglent la légitime des enfans, l'âge de majorité, & autres ſem-blables : la ſeconde eſt de celles qui ont été inventées pour régler les matieres ar-bitraires, comme font les lois qui reglent

les degrés de fubftitutions, les droits de
relief dans les fiefs, &c.

A cette premiere diftinction, il faut en
ajouter une feconde, qui comprend auffi
toutes les lois, mais fous deux autres points
de vue; favoir en lois de la *Religion*, &
en lois de *Police*. Les lois de la Religion
font celles qui reglent la conduite de
l'homme par l'efprit des deux premieres
lois, & par les difpofitions intérieures qui
le portent à tous les devoirs envers Dieu,
envers foi-même, envers les autres; &
qui comprend toutes les regles de la foi
& des mœurs, & auffi toutes celles de l'extérieur du culte divin, & de la difcipline
eccléfiaftique. Les lois de la Police font
celles qui reglent l'ordre extérieur de la
fociété entre tous les hommes, foit qu'ils
connoiffent, ou qu'ils ignorent la Religion,
foit qu'ils en obfervent les lois, ou qu'ils
les méprifent.

Ce font là deux diftinctions qu'il ne faut
pas confondre, comme fi toutes les lois
de la Religion étoient des lois immuables,
& que toutes les lois de la Police fuffent
feulement des lois arbitraires. Car il y a
dans la Religion plufieurs lois arbitraires,
& la Police a beaucoup de lois immuables. Ainfi il y a dans la Religion des lois
qui reglent certaines cérémonies, l'extérieur du culte divin, ou quelques points

de la difcipline eccléfiaftique, qui font des lois arbitraires établies par l'autorité des puiffances fpirituelles : il y a dans la Police des lois immuables, telles que font celles qui commandent l'obéiffance aux puiffances, celles qui ordonnent de rendre à chacun ce qui lui appartient, celles qui commandent la bonne foi, la fincérité, la fidélité, &c. Voyez le détail des différentes efpeces de lois dans Domat, *Traité des Lois*, chap. XI.

La loi devant émaner d'un fupérieur, & obligeant les inférieurs à l'obferver, il fe préfente naturellement une queftion : Qui eft cet être qui doit être envifagé comme fupérieur, & ayant droit de donner des lois aux autres ; & qui font ces inférieurs obligés à leur obfervation ?

La nature & le but de la loi nous feront réfoudre fort aifément cette queftion. Nous avons vu que le but de la loi, tant à l'égard de celui qui la donne, qu'à l'égard de ceux qui la reçoivent, c'eft le bonheur de ces derniers. Il faut donc néceffairement que celui qui donne la loi, veuille & puiffe par ce moyen guider les autres à leur bonheur : ce qui demande naturellement de la fageffe & de la bonté. Un Légiflateur fans fageffe ne connoîtroit pas mieux les regles à fuivre pour obtenir le bonheur, que ceux qu'il voudroit y diriger par ses lois : au contraire, un Législateur sage, mais méchant, seroit toujours suspect ; & l'on pourroit craindre de lui qu'il ne voulût tromper ceux à qui il prétendroit donner des lois. Mais si nous sommes convaincus que le Législateur a de la sagesse pour voir mieux que nous ce qui peut nous convenir, & par quels moyens nous pouvons obtenir notre bonheur ; si nous sommes encore persuadés de sa bonté, & assurés qu'il veut efficacement notre bonheur, nous nous sentons intérieurement portés à nous remettre entiérement entre ses mains, à nous abandonner à sa volonté, reconnoissant en lui toutes les qualités nécessaires pour nous conduire à notre but.

C'est ce que le but de la loi nous fait connoître ; mais cela ne suffit pas : la nature de la loi nous fait appercevoir qu'il faut dans celui qui prescrit des lois, une troisieme qualité, qui est la supériorité & la puissance. Car comme il est nécessaire à la nature de la loi qu'elle ait une sanction, c'est-à-dire, qu'elle contienne une menace de quelque peine, il faut que le Législateur soit supérieur, parce qu'un égal ne menace point un de ses égaux, et qu'il ait du pouvoir, afin d'infliger la peine dont il a menacé les infracteurs des lois ; car le pouvoir législatif seroit inutile s'il n'étoit pas accompagné du pouvoir exécutif, le pouvoir légiſlatif ſeroit plutôt un pouvoir de donner de ſages conſeils que des lois proprement dites.

Le pouvoir légiſlatif donc, ou ce qui revient à la même choſe, le droit de commander eſt fondé ſur une puiſſance ſupérieure, accompagnée de ſageſſe & de bonté. A proprement parler, il ne faudroit pour lier & aſſujettir des créatures libres & raiſonnables, qu'un empire dont la ſageſſe & la douceur ſe fiſſent approuver par la raiſon, indépendamment des motifs de crainte qu'excite la puiſſance. Mais, comme il arrive aiſément, de la maniere que ſont faits les hommes, que ſoit légéreté & défaut d'attention, ſoit paſſion & malice, on n'eſt pas autant frappé qu'on le devroit, de la ſageſſe & de la bonté du Légiſlateur & de l'excellence de ſes lois ; il eſt à propos qu'il y ait un autre motif efficace, tel que l'appréhenſion du châtiment, pour mieux fléchir la volonté. C'eſt pourquoi il faut que le Légiſlateur, ou celui qui doit commander aux autres, ſoit armé de pouvoir & de force pour ſoutenir ſon autorité, pour faire obſerver ſes lois pour le bien de ceux auxquels elles ont été preſcrites.

Tous les Philoſophes ont toujours reconnu qu'on ne peut rendre d'autre raison de la création que la bonté de Dieu ; & que dans la création on voit la sagesse & la puissance de cet être souverain dans tout leur éclat ; de maniere que l'idée du *Créateur* est celle d'un être infiniment *puiſ-ſant,* infiniment *ſage,* infiniment *bon.* L'idée donc de Créateur est la même que celle de supérieur, de souverain, & d'un être qui a un plein droit de commander à ses créatures. Mais pour ne pas confondre notre opinion avec celle de Barbeyrac & d'autres, il faut bien faire attention que nous envisageons l'idée du Créateur dans toute son étendue, en tant que c'est un être puiſſant, bon & ſage, qualités néceſſaires pour avoir droit de commander à des êtres intelligens.

Dieu donc, en tant que Créateur, a le droit de commander à ses créatures par sa puiſſance, par sa sageſſe, par sa bonté. La création eût également pour objet les êtres moraux & les êtres phyſiques, & comme Dieu par le même acte qu'il forma le monde phyſique, y établit l'ordre, la convenance, les relations qui en font la beauté, & par conséquent preſcrivit aux êtres phyſiques les lois, suivant lesquelles ils doivent être gouvernés ; ainſi les êtres moraux au premier inſtant de leur exiſ-tence ont été aſſujettis à des lois conve-nables à leur nature, relativement à celle des autres êtres ; car ces lois ne font autre chofe que le réfultat de la nature de l'homme & des êtres qui l'environnent. Produire les êtres, établir leur convenance, leur ordre, leurs rapports, & impofer aux êtres l'obligation de conferver cette convenance, cet ordre, ces rapports, c'eft-à-dire, faire ce qui doit en affurer la durée, font un feul & même acte de la création : & par conféquent les êtres moraux, obligés par la nature des chofes, à fe conformer à l'ordre, à la convenance, & aux rapports établis par le Créateur, font auffi obligés à vivre conformément aux lois naturelles par une fuite néceffaire de ce même établiffement. Il eft donc manifefte qu'en féparant l'établiffement des lois naturelles de l'acte même de la création, comme font certains Jurifconfultes, on tomberoit dans la même abfurdité, que fi l'on féparoit l'établiffement des lois phyfiques de l'acte de la création des êtres phyfiques. Ne cherchons point le fondement de l'obligation ailleurs que dans la création & dans la volonté du Créateur, qui ayant formé les créatures telles qu'elles font, leur a impofé par-là même l'obligation d'agir conformément à la nature des chofes qu'il a créées. Les créer, c'eft en vouloir la confervation, qui dépend effentiellement de l'obfervation des lois; des lois mécaniques pour les êtres physiques; des lois morales pour les êtres intelligens & libres. Voyez sur cette Leçon, Burlamaqui, Tom. I. Part. I. chap. VIII. IX. & X. Domat, *Traité des Lois;* Cumberland, *Traité des Lois naturelles,* chap. V. Puffendorf, *Droit de la Nature & des Gens,* Liv. I. chap. VI. &c.

LEÇON VI.

Moralité des actions humaines.

NOus avons vu dans la Leçon précédente que la loi est une regle de conduite, prescrite aux êtres libres; mais c'est précisément parce qu'elle regarde des êtres libres, que ceux-ci peuvent s'y conformer, ou s'en écarter, ce qui fait la *moralité* des actions humaines; car on entend par *moralité d'actions humaines,* leur conformité ou leur opposition à la loi. Ainsi la moralité n'est que le *rapport des actions humaines avec la loi qui en est la regle;* & l'on appelle *morale* l'assemblage des regles que nous devons suivre dans nos actions.

On peut considérer la moralité des actions humaines sous deux points de vue différens; 1°. par rapport à la maniere

dont la loi en difpofe ; 2°. par rapport
à la conformité ou l'oppofition de ces
mêmes actions avec la loi. Au premier
égard, les actions font ou *commandées* ou
défendues. Et comme l'on eft indifpenfa-
blement obligé de faire ce qui eft ordonné
& de s'abftenir de ce qui eft défendu par
un fupérieur légitime ; les Jurifconfultes
confiderent les actions commandées comme des actions *néceffaires*, & les actions
défendues comme *impoffibles ;* ce qu'il faut
entendre d'une néceffité & d'une impoffi-
bilité morales.

Quant à la conformité ou à l'oppofition
des actions humaines avec la loi, on les
diftingue en actions *bonnes* ou *juftes, mauvaifes* ou *injuftes.* Une action moralement
bonne ou jufte eft *celle qui eft en elle-même
exactement conforme à la difpofition de la
Loi, & qui d'ailleurs eft faite dans les difpofitions, & accompagnée des circonftances
conformes à l'intention du Légiflateur.* Je dis
qu'une action bonne ou jufte, ce qui revient au même dans la morale, doit être
non-feulement conforme à la Loi, mais
encore *accompagnée des difpofitions que le
Légiflateur demande.* Cette condition fe rapporte uniquement aux Lois divines, foit
naturelles, foit révélées. Car l'intention
qui devant Dieu eft la circonftance la plus
effentielle, eft au contraire celle à laquelle

on fait le moins d'attention dans la Législation humaine; par la raison que les hommes ne connoissant pas les cœurs, n'en peuvent juger que par des indices fort équivoques. D'ailleurs le but des lois humaines, considérées comme telles, se borne à régler l'extérieur; c'est tout ce qu'elles peuvent faire; & cela suffit pour la tranquillité publique.

J'ai ajouté qu'*une action bonne ou juste, c'est la même chose dans la morale.* Car la morale ayant pour auteur un être infiniment parfait, elle demande dans l'agent une droiture parfaite du cœur, pour que ses actions soient réputées justes vis-à-vis d'elle : de sorte que toutes les actions qu'elle déclare justes, sont en même temps bonnes ; & celles qu'elle reconnoît pour bonnes, sont toujours justes. En effet, la bonté morale consiste en deux points : le premier, *ne pas faire du mal à nos semblables* ; le second, *leur faire du bien* ; & la justice morale n'est que cette vertu qui nous fait rendre à Dieu, à nous-mêmes & aux autres hommes ce qui leur est dû à chacun : ces deux vertus se réduisent à un sentiment d'équité naturelle.

Mais il faut bien prendre garde de ne pas confondre la justice naturelle avec la justice des lois civiles. La loi, dit Cicéron, n'est qu'une ombre de la justice parfaite.

Les lois les-plus parfaites laiſſent toujours beaucoup de ſtatuts ou de déciſions à deſirer. Les Légiſlateurs manquent quelquefois de lumieres, quelquefois d'attention, quelquefois d'exactitude. Ils ſont ſouvent dominés par des préjugés dé coutume, par des intérêts de nation. C'eſt de là que l'on dit que ce qui eſt juſte dans un lieu, eſt injuſte dans un autre; que la juſtice eſt variable, & qu'elle n'a point de regle déterminée. Mais on prend pour la juſtice l'image que quelques fondateurs en ont tracée avec de mauvais crayons. Cette juſtice n'a que l'écorce de celle que la raiſon enſeigne; cette juſtice eſt à la véritable ce que le ſinge eſt à l'homme. Il s'en faut bien donc qu'une action bonne de ſa nature, ſoit toujours décidée juſte dans le droit civil, & que tout ce que les lois civiles ordonnent ſoit juſte. Quelque parfaites qu'on ſuppoſe les différentes lois de l'Etat, il s'en faut bien qu'elles conduiſent à la juſtice parfaite. Que l'innocence eſt bornée, s'écrioit Seneque, quand on ne ſe propoſe d'être bon que ſelon la meſure de la loi! La regle des devoirs de l'homme s'étend beaucoup au delà du droit civil.

Ce que nous venons de dire de la nature des bonnes actions, nous fait connoître quelle eſt la nature des actions mauvaiſes ou injuſtes. En général une

action mauvaise ou injuste est *celle qui est
contraire à la disposition de la loi, ou à l'intention du Législateur.* J'ajoute à la définition, qu'une action est mauvaise ou injuste, *si elle est contraire à l'intention du
Législateur ;* car une action bonne en elle-
même, peut devenir mauvaise, si elle est
faite dans des dispositions, ou accompagnée de circonstances directement contraires à l'intention du Législateur : comme
si elle est faite dans un mauvais but ou par
quelque motif vicieux.

A proprement parler, toutes les actions
justes le sont également, puisqu'elles ont
toutes une exacte conformité avec la loi.
Il n'en est pas de même des actions injustes ou mauvaises, qui suivant qu'elles se
trouvent plus ou moins opposées, à la loi,
sont aussi plus ou moins vicieuses. On peut
donc manquer à ses devoirs en plusieurs
manieres. Quelquefois on viole la loi de
propos délibéré & par malice ; ce qui est
sans contredit le plus haut degré de méchanceté, puisqu'une telle conduite indique manifestement un mépris formel &
réfléchi du Législateur & de ses ordres ;
mais quelquefois on ne peche que par inat-
tention & par négligence ; ce qui est plûtôt
une faute qu'un crime. Cette même négligence a ses degrés, & elle peut être plus
ou moins grande, plus ou moins blâmable.

Pour eſtimer la quantité des actions bonnes ou mauvaiſes, l'on peut ſuivre les principes ſuivans.

1°. On peut conſidérer les actions par rapport à leur objet. Plus l'objet eſt noble, plus une bonne action faite envers cet objet eſt cenſée excellente ; comme au contraire, une mauvaiſe action en eſt plus criminelle.

2°. Par rapport à la nature même des actions, ſelon qu'il y a plus ou moins de peine à les faire. Plus une bonne action eſt difficile, toutes choſes d'ailleurs égales, plus elle eſt belle & louable. Mais plus il étoit facile de s'abſtenir d'une mauvaiſe action, plus elle eſt énorme & condamnable, en comparaiſon d'une autre de même eſpece.

3°. Par rapport à la qualité & à l'état de l'agent. Ainſi un bienfait reçu d'un ennemi, ſurpaſſe celui qu'on reçoit d'un ami ; & au contraire, l'injure d'un ami eſt plus ſenſible & plus atroce, que celle qui vient d'un ennemi.

4°. Par rapport à la qualité & à l'état de la perſonne qu'on offenſe par une mauvaiſe action. Une déſobéiſſance à la loi divine eſt un mal infini ; une injure faite à un Souverain eſt bien plus atroce que ſi on l'avoit faite à un Miniſtre ; & celle-ci plus criminelle que la même faite à une perſonne du peuple.

5°. Par rapport aux effets & aux suites de l'action. Une action est d'autant meilleure ou pire, qu'on a pu prévoir que les suites en devoient être plus ou moins avantageuses ou nuisibles.

6°. Par rapport aux circonstances du temps, du lieu, &c. qui peuvent encore rendre les bonnes & les mauvaises actions plus excellentes ou plus mauvaises les unes que les autres.

7°. Enfin, les actions peuvent être plus ou moins bonnes ou mauvaises, sur-tout dans la société civile, à mesure qu'elles intéressent un plus grand nombre de personnes, & qu'elles sont avantageuses ou nuisibles à la sûreté, au repos, au bien public du corps politique, qui doit être la loi suprême de toute société civile. Il faut donc que le Législateur ait égard à ces différences, afin que le Juge puisse se régler dans l'imputation efficace qu'il doit faire des actions des hommes. C'est à quoi Dracon ne fit pas attention lorsqu'il établit la peine de mort pour tous les crimes, même les plus légers.

On attribue la moralité aux personnes aussi bien qu'aux actions ; & comme les actions sont bonnes ou mauvaises, justes ou injustes, l'on dit aussi des hommes qu'ils sont vertueux ou vicieux, bons ou méchans. Un homme vertueux est celui qui a l'habitude d'agir conformément aux lois & à son devoir; un homme vicieux est celui qui a l'habitude opposée. La vertu consiste donc dans l'habitude d'agir conformément aux lois; & le vice dans l'habitude contraire.

De ce que le vice & la vertu sont des habitudes, pour en bien juger, on ne doit pas s'arrêter à quelques actions particulieres & passageres; il faut considérer toute la suite de la vie & la conduite ordinaire d'un homme. L'on ne mettra donc pas au rang des hommes vicieux, ceux qui par foiblesse ou autrement, se sont quelquefois laissés aller à commettre quelques mauvaises actions : comme ceux-là non plus ne méritent le titre de gens de bien, qui dans certains cas particuliers, ont fait quelque acte de vertu. Une vertu à tous égards parfaite ne se trouve point parmi les hommes : & la foiblesse insépa-rable de l'humanité exige qu'on ne les juge pas à toute rigueur. Comme l'on avoue qu'un homme vertueux peut com-mettre par foiblesse plusieurs actions in-justes, l'équité veut aussi que l'on recon-noisse qu'un homme qui aura contracté l'habitude de plusieurs vices, peut cepen-dant en certains cas faire quelques bon-nes actions, reconnues pour telles & fai-tes comme telles. Ne supposons pas les

hommes plus méchans qu'ils ne font, &
diftinguons avec autant de foin les degrés
de méchanceté & de vice, que ceux de
probité & de vertu.

Les difciples de Zoroaftre ont expliqué
exactement & peut-être fans le favoir, ce
qu'exige la loi naturelle d'un homme qui
veut qu'elle le reconnoiffe pour jufte. *Il
faut bannir tout crime*, difent-ils; *de notre
main*, *de notre langue*, *de notre penfée* (*).
C'eft d'un tel homme qu'un ancien Poëte
Grec nous a laiffé le tableau fuivant.
« Un homme jufte, dit-il, n'eft pas celui
» qui ne commet jamais aucune injuftice;
» mais celui qui pouvant en commettre,
» ne le veut pas. Ce n'eft pas celui qui
» s'abftient des chofes de peu de confé-
» quence, mais celui qui avec une grande
» fermeté d'ame, ne fe laiffe point tenter,
» à la vue de quelque chofe de confidéra-
» tion dont il pourroit s'emparer impu-
» nément. Ce n'eft pas non plus celui qui
» pratique feulement toutes ces chofes de
» quelque maniere que ce foit; mais celui
» qui, avec une fincérité fans mélange de
» fraude & d'hypocrifie, s'étudie plutôt à
» être jufte qu'à le paroître. » Voyez fur
cette Leçon Burlamaqui, I. P. ch. XI. T. I.
Puffendorf, L. I. ch. V. VII. VIII. &c.

(*) Voy. la *Collection* de J. Hyde in *Sad-der* Porid LXXI.

LEÇON

L'EÇON VII,

De la Loi naturelle & de son existence.

CE que nous avons exposé jusqu'ici du droit & de la loi en général, demande d'être appliqué au droit & à la loi naturelle en particulier.

Par loi naturelle on entend *une loi que Dieu impose à tous les hommes, & qu'ils peuvent découvrir et connoître par les seules lumieres de leur raison, en considérant avec attention leur nature & leur état.* Le droit naturel est le *système*, l'*assemblage* ou *le corps de ces mêmes lois.*

Comme l'auteur de la loi naturelle est Dieu, pour en démontrer l'existence, il faut rechercher 1°, si Dieu a par lui-même le droit d'imposer des lois aux hommes; 2°. s'il a fait effectivement usage de son droit à cet égard, en nous donnant réellement des lois, & en exigeant que nous y conformions nos actions.

Le droit de Législateur demande trois choses essentielles, la puissance, la sagesse & la bonté. Si Dieu donc possede ces trois qualités, personne n'osera lui contester le droit de donner aux hommes des lois.

Tome I. D

D'abord, on ne peut douter que celui qui
exifte néceffairement & par lui-même, &
qui a créé l'univers, ne foit doué d'une
puiffance infinie. Comme il a donné l'être
à toutes chofes par fa feule volonté, il
peut auffi les conferver, les anéantir, ou
les changer à fon gré.

Mais fa fageffe n'eft pas moindre que fa
puiffance. Ayant tout fait, il doit tout connoître : il connoît les caufes & les effets
qui peuvent en réfulter. On voit d'ailleurs
dans tous fes ouvrages les fins les plus
excellentes, & un choix des moyens les
plus propres à y parvenir : en un mot,
tout y eft, pour ainfi dire, marqué au
coin de la fageffe.

La raifon nous apprend auffi que Dieu
eft un être effentiellement bon ; perfection
qui femble découler naturellement de la
fageffe & de la puiffance. Car comment
un être qui par fa nature eft infiniment fage
& infiniment puiffant, pourroit-il être en-
clin au mal ? Aucune raifon ne l'y porte.
La malice, la cruauté, l'injuftice, font
toujours une fuite de l'ignorance ou de la
foibleffe. Ainfi pour peu que l'homme confidere tout ce qui l'environne, & qu'il
réfléchiffe fur fa propre conftitution, il
reconnoîtra en lui-même, & au-dehors,
la main bienfaifante de fon Créateur, qui
agit avec lui comme un pere. C'eft de Dieu

que nous tenons la vie & la raison : il pour-
voit abondamment à nos besoins ; il a
ajouté l'utile au nécessaire, & l'agréable
à l'utile, comme on pourroit le faire voir
par un plus grand détail. Et si l'on ajoute
à tout cela, comme nous verrons dans la
suite, que les lois que Dieu nous donne,
tendent à perfectionner nôtre nature, à
prévenir tout abus, à nous retenir dans
cet usage modéré des biens de la vie, d'où
dépend la conservation de l'homme, son
excellence & son bonheur, tant public
que particulier ; que faut-il de plus pour
reconnoître que la bonté de Dieu n'est
point inférieure à sa sagesse ni à sa puissance ?

Voilà donc un Supérieur doué, sans
contredit, de toutes les qualités nécessaires
pour avoir le droit de législateur, le plus
légitime & le plus étendu qu'on puisse
concevoir. Et puisque de notre côté,
l'expérience nous fait assez sentir que
nous sommes foibles & sujets à divers
besoins ; puisque nous avons tout reçu
de lui, & qu'il peut encore ou augmenter
nos biens, ou nous en priver, il est évident que rien ne manque ici pour établir
d'un côté la souveraineté absolue de Dieu,
& de l'autre notre absolue dépendance.

Ce n'est pas assez d'avoir reconnu en
Dieu les qualités de Législateur, & par

conféquent le droit de nous donner des lois; il faut encore démontrer qu'il a effectivement fait ufage de fon droit, & qu'il nous a donné en effet des lois. Avoir trouvé en Dieu le droit de donner des lois, & les hommes fufceptibles de lois, c'eft déjà s'être bien avancé dans le chemin de la démonftration de l'exiftence des lois. Voilà un Supérieur qui par fa nature poffede au plus haut degré toutes les conditions requifes pour établir une autorité légitime; & de l'autre voilà les hommes, qui font des créatures de Dieu, douées d'intelligence & de liberté, capables d'agir avec choix, fenfibles au plaifir & à la douleur, fufceptibles de bien & de mal, de récompenfe & de peines. Une pareille aptitude à donner des lois & à en recevoir, ne fauroit être inutile. Ce concours de rapports & de circonftances indique fans doute un but, & doit avoir quelqu'effet; comme une certaine organifation dans l'œil indique que nous fommes deftinés à voir la lumiere. Pourquoi Dieu nous auroit-il fait précifément tels qu'il le faut pour recevoir des lois, s'il ne nous en vouloit point donner? Ce feroit autant de facultés perdues. Il eft donc non-feulement poffible, mais très-probable que telle eft en général notre deftination, à moins que des raifons plus fortes ne prouvaffent le contraire. Or bien loin qu'il y ait aucune raifon qui détruife cette premiere préfomption , nous allons voir que tout va la fortifier.

En confidérant le bel ordre que la fageffe fuprème a établi dans le monde phyfique, on ne fauroit fe perfuader qu'elle ait abandonné au hafard & au déréglement , le monde fpirituel ou moral. La raifon nous dicte au contraire , qu'un être fage fe propofe en tout une fin raifonnable , & qu'il emploie les moyens néceffaires pour y arriver. La fin que Dieu s'eft propofée par rapport à fes créatures, & en particulier par rapport à l'homme ; ne peut être , d'un côté que fa gloire, & de l'autre, que la perfection & le bonheur de fes créatures, autant que leur nature ou leur conftitution les en rend capables. Ces deux vues fi dignes du Créateur, fe combinent & fe réuniffent parfaitement. Car la gloire de Dieu confifte à manifefter fes perfections, fa puiffance, fa bonté , fa fageffe, fa juftice ; & ces mêmes vertus ne font autre chofe que l'amour de l'ordre & du bien univerfel. Ainfi l'être fouverainement parfait & fouverainement heureux, voulant conduire l'homme à l'état d'ordre & de bonheur qui lui convient, ne peut manquer de vouloir en même temps ce qui eft néceffaire pour un tel but. Or l'unique moyen de mener à ce but un être, tel que l'homme, doué de la faculté de choisir, & du pouvoir de tenir un chemin plutôt qu'un autre, c'est de lui montrer le vrai, & de lui ordonner de le suivre, & de ne s'en écarter jamais.

Mais pour donner à notre raisonnement encore plus de force, considérons les suites naturelles du système opposé. Que seroient l'homme & la société, si chacun étoit tellement le maître de ses actions, qu'il pût tout faire à son gré, & n'avoir point d'autre principe de conduite que son caprice ou ses passions ? Supposez que Dieu abandonnant l'homme à lui-même, ne lui eût effectivement prescrit aucune regle de vie, & ne l'eût assujetti à aucune loi ; la plupart des facultés de l'homme & de ses talens lui deviendroient inutiles. A quoi lui serviroit le flambeau de la raison, s'il ne suivoit qu'un instinct aveugle & grossier, sans aucune attention à ses démarches ? A quoi bon le pouvoir de suspendre ses jugemens, si l'on se livre étourdiment aux premieres apparences ? Et de quel usage sera la réflexion, s'il n'y a ni à choisir ni à délibérer ; & si au lieu d'écouter les conseils de la prudence, on se laisse entraîner par d'aveugles penchans ? Non-seulement ces facultés qui font l'excellence de la dignité de notre nature, se trouveroient par là tout-à-fait frivoles ; elles tourneroient encore à notre préjudice par leur excellence même ; car plus une faculté est belle & relevée, plus l'abus est dangereux.

Non - seulement ce seroit là un grand malheur pour l'homme considéré seul & en lui-même, c'en seroit un plus grand encore pour l'homme considéré dans l'état de société. Car l'état de société plus que tout autre demande des lois, afin que chacun mette des bornes à ses prétentions, & n'attente point au droit d'autrui. Autrement la licence naîtroit de l'indépendance. Laisser les hommes abandonnés à eux-mêmes, c'est laisser le champ libre aux passions & ouvrir la porte à l'injustice, à la violence, aux perfidies, aux cruautés. Otez les lois naturelles & ce lien moral qui entretient la justice & la bonne foi parmi tout un peuple, & qui établit aussi certains devoirs, soit dans les familles, soit dans les autres relations, les hommes ne seront plus que des bêtes féroces les uns pour les autres. Plus l'homme est adroit & habile, plus il sera dangereux pour ses semblables ; l'adresse se tournera en ruse, & l'habileté en malice. Il ne faudra plus parler alors des avantages ni des douceurs de la société ; ce seroit un état de guerre, un vrai brigandage.

Si l'on dit que les hommes eux-mêmes ne manqueroient pas de remédier à ces défordres, en établiffant des lois ; outre que les lois humaines n'auroient point de force fi elles n'étoient pas fondées fur des principes de confcience, cette même objection reconnoît déjà la néceffité des lois en général. Car, s'il eft dans l'ordre que les hommes établiffent entre eux une regle de vie, pour fe mettre à couvert des maux qu'ils auroient à craindre les uns des autres, & pour fe procurer les avantages qui peuvent faire leur bonheur, tant public que particulier ; cela même doit faire comprendre que le Créateur, infiniment plus fage & meilleur que nous, aura fans doute fuivi la même méthode.

En effet, s'il s'étoit repofé fur les hommes pour l'établiffement des lois, je me plaindrois qu'infiniment plus fage & meilleur qu'eux, il a oublié fa fageffe & fa bonté pour s'en rapporter à des êtres vicieux et bornés. Je demanderois comment les hommes s'y font pris, quel guide ils ont pu fuivre pour établir ces lois, s'ils n'en ont point trouvé en eux-mêmes le principe & le modele ? Je ferois plus ; je me plaindrois que ce Dieu fi bon & fi fage m'ait abandonné à tous les écarts, ou du moins à l'infuffifance des lois humaines. Car la loi civile n'a de force que pour empêcher les hommes de violer ouvertement la Justice ; elle n'a point de prise sur les attentats secrets, qui ne font pas moins préjudiciables. Je me plaindrois enfin, de ce qu'il n'y auroit point de principe réprimant pour ceux qui veillent à la manutention des lois. Une justice toute humaine courroit risque de n'être qu'une ombre de justice.

Mais sans chercher hors de nous-mêmes les raisons pour nous convaincre de l'existence des lois naturelles, rentrons en nous-mêmes, & nous trouverons qu'en effet ce que nous devions attendre à cet égard de la sagesse & de la bonté divine, se trouve dicté par la droite raison qu'il nous a donnée, & par des principes gravés dans notre cœur.

S'il y a des vérités de spéculation qui soient évidentes, & s'il y a des axiomes certains qui servent de base aux sciences ; il n'y a pas moins de certitude dans certains principes faits pour nous diriger dans la pratique, & pour servir de fondement à la morale. Par exemple, que le Créateur mérite les respects de la créature ; que l'homme doit chercher son bonheur ; qu'il faut préférer le plus grand bien au moindre ; qu'un bienfait mérite de la reconnoissance ; que l'état d'ordre vaut mieux que l'état de désordre, &c. Ces maximes

& d'autres semblables, ont leur évidence peu différente de celle-ci : le tout est plus grand que sa partie ; ou la cause existe avant l'effet, &c. les unes & les autres sont dictées par la raison la plus pure : c'est pourquoi nous nous sentons comme forcés d'y donner notre assentiment. On ne conteste guere ces principes généraux ; on dispute seulement sur leur application à leurs conséquences. L'évidence de ces maximes est même si forte, que les libertins mêmes & les prostituées jetteroient des pierres à ceux qui oseroient débiter dans les discours publics, que le libertinage & la prostitution n'ont rien que d'innocent. Un maître déclaré de mauvaises mœurs ouvriroit en vain son école. On ne parle qu'avec horreur de ceux qui osent nier l'existence des lois naturelles. L'impression de ces lois est si profonde qu'elle ne s'efface point dans les esprits même déterminés à les méconnoître : elle gêne leurs pensées, elle traverse les efforts qu'ils font pour s'égarer, & les ramene au sentiment qui dément leurs bizarres imaginations.

Enfin, ce qui finira de démontrer l'existence des lois naturelles, c'est que l'homme ayant été créé pour une certaine fin, telle qu'elle soit à présent, & cette fin étant conforme à sa nature, l'acte même de la création contenoit pour lui sa législation.

Car créé pour une fin, c'étoit la volonté
du Créateur qu'il y tendît dans toutes ses
opérations. Créer l'homme pour une fin,
& être indifférent s'il y tend ou non, c'est
une contradiction manifeste. Or tendre
à la fin de la création, c'est suivre la volonté du Créateur, & c'est la volonté du
Créateur que nous appellons loi naturelle.

Mais pour que nous ne puissions point
prétexter d'ignorance de cette loi générale, Dieu nous l'a manifestée d'une maniere vraiment digne de lui. Il a donné
aux hommes ce flambeau que nous appellons *raison*, dont les lumières font sentir
aux plus simples & aux moins instruits,
ce qui est conforme à la loi naturelle, ou
à sa volonté, & ce qui ne l'est pas. Entrons dans quelque détail, pour ne pas
nous contenter des mots de raison, de
flambeau, de lumieres, &c.

Tous les êtres créés, sortis de la main
d'un être infiniment sage, doivent tendre
à la fin de leur création. Les êtres inani-
més, incapables de se diriger eux-mêmes,
tendent à leur fin par une force aveugle
qui en dirige les mouvemens suivant les
lois que nous appellons *méchaniques*. Les
êtres animés, doués de connoissance, doivent y tendre par des mouvemens sponta-
nés, après avoir connu ce qui peut convenir à cette même fin, & ce qui ne peut

pas lui convenir. La fin commune de tous les êtres animés est la même que celle de tous les êtres ; savoir leur conservation. Et par conséquent jusqu'ici, point de différence entre l'homme & la bête. La bête, aussi bien que l'homme, connoît les objets qui se présentent à ses sens, & leurs rapports avec sa conservation, ou sa destruction ; elle cherche les premiers, & évite avec soin les derniers. Mais cette connoissance est bornée dans la bête à la sphere de son existence & de sa destination, qui ne va point au delà du terme de la vie. L'homme fait pour une autre vie bien plus importante que la présente, comme nous verrons dans la suite, doit connoître non-seulement ce qui convient à sa conservation présente & ce qui ne lui convient pas, mais il doit principalement avoir en vue la vie future, vie des récompenses & des peines, suivant qu'il se sera conformé à la volonté du Créateur, ou qu'il s'en sera écarté. Il falloit donc que son entendement perçât plus loin que celui des bêtes, & qu'outre la connoissance des objets présens & de leurs rapports avec sa conservation, il pût connoître ses relations avec le Créateur & avec ses semblables, & les suites de ces rapports avec la vie à venir. De plus comme ces rapports sont tantôt fort simples, tantôt fort com-

pliqués, de maniere à ne pouvoir les appercevoir, que par de longues suites d'i-
dées tirées de certains principes généraux,
il lui falloit un entendement assez éclairé
pour saisir certains principes, pour en
tirer les conséquences les plus sûres, les
plus certaines pour une conduite, conformes à ses relations, à son bonheur, à sa
destination. Or c'est ce degré de lumiere
de plus, que son entendement a sur celui
des bêtes, qui en fait la différence : c'est
ce degré de lumiere que nous appellons
raison.

C'est donc la raison qui nous fait connoître les maximes générales de la morale ; c'est cette même raison qui nous en
fait envisager les rapports avec notre conservation présente , & notre bonheur à
venir ; en un mot, c'est cette même raison , qui nous fait connoître la volonté
de Dieu & le rapport que la conformité
de nos actions avec cette souveraine volonté a avec notre bonheur.

Mais il ne faut pas se faire illusion. Tous
les hommes ont la raison, c'est-à-dire un
entendement assez éclairé pour connoître
la loi naturelle ; mais l'entendement est
une faculté ; toute faculté demande qu'elle
soit exercée, & par-là perfectionnée ; autrement elle devient incapable de faire ses
fonctions. L'expérience ne justifie que

trop cette mortifiante vérité. Il y a en effet bien plus d'intervalle à cet égard d'homme à homme, que d'hommes à certaines bêtes. Si le germe de la raison n'est pas cultivé, il s'étouffe ; & l'homme entraîné par la violence des passions devient infiniment pire que les bêtes. L'on sent assez par-là la nécessité de l'éducation, & même de cette éducation, qui nous forme le cœur par le développement de l'esprit. Car il est vrai que souvent l'esprit est la dupe du cœur ; mais c'est malgré lui, & il peut en revenir ; tandis que si le cœur est la dupe de l'esprit, celui-ci se trouvera sans ressource pour ramener le cœur à ses véritables sentimens.

La raison étant l'interprete de la loi naturelle, & cette loi étant conforme à notre nature, à notre constitution, l'on dit très-bien que la loi naturelle est gravée dans nos cœurs. Car c'est par la connoissance intime de notre propre nature, que par le moyen de la raison nous connoissons ce qui nous convient & ce qui ne nous convient pas : ce qui convient à nos semblables & ce qui ne leur convient pas. C'est pourquoi l'ignorance des lois naturelles n'est jamais invincible.

Par ce que nous venons de dire, il paroît assez clairement qu'il ne faut point chercher ailleurs que dans la nature même

des actions humaines, dans leurs différences essentielles & dans leurs suites, le
vrai fondement des lois naturelles, &
pourquoi Dieu défend certaines choses,
tandis qu'il en commande d'autres. Ce ne
sont point des lois arbitraires ou telles que
Dieu pût ne les point donner, ou en
donner d'autres toutes différentes ; les lois
morales fondées sur la nature humaine,
sont aussi immuables que celles du mouvement fondées sur la nature de la matiere. La souveraine sagesse, de même que
la souveraine puissance, ne peut pas faire
ce qui est contradictoire. C'est toujours la
nature des choses qui lui sert de regle,
dans ses déterminations. Dieu étoit le
maître sans doute de créer l'homme, de
le créer tel qu'il est, ou de lui donner une
nature différente. Mais s'étant déterminé
à créer un être raisonnable & sociable, il
ne pouvoit lui prescrire que ce qui convient à une telle nature. La supposition,
que les lois naturelles dépendent d'une
volonté arbitraire de Dieu, détruit &
renverse l'idée même des lois naturelles.
Car si ces lois n'étoient pas une suite nécessaire de la nature, de la constitution
& de l'état de l'homme, nous ne saurions
en avoir une connoissance certaine que
par une révélation bien claire, ou par
quelqu'autre promulgation formelle de la

part de Dieu. Mais on convient que le droit naturel est & doit être connu par les seules lumieres de la raison. Ce seroit donc l'anéantir que de le concevoir comme dépendant d'une volonté arbitraire ; car alors sa connoissance ne seroit plus du ressort de la raison.

Les lois naturelles donc sont, 1°. *immuables* ; car étant conformes à la nature de l'homme, pendant que l'homme est tel qu'il est, il est absolument nécessaire que les lois naturelles soient telles qu'elles sont. 2°. Elles sont *universelles* ; car non-seulement tous les hommes sont également soumis à l'empire de Dieu dont les lois naturelles manifestent la volonté ; mais encore les lois naturelles, ayant leur fondement dans la constitution & l'état des hommes, & leur étant notifiées par la raison, il est bien manifeste qu'elles conviennent essentiellement à tous, & les obligent tous sans distinction, quelque différence qu'il y ait entr'eux ; car ces différences ne vont pas jusqu'à changer la nature humaine. C'est ce qui distingue les lois naturelles des lois positives ; car une loi positive ne regarde que certaines personnes ou certaines sociétés particulieres. « Si l'intelligence, dit Marc – Antonin, » nous est commune à tous, la raison » qui nous rend animaux raisonnables,

» l'eſt auſſi. Si la raiſon l'eſt, la raiſon
» qui ordonne ce qu'il faut faire, & ce
» qu'il faut éviter, l'eſt encore. Cela
» étant, la loi eſt commune : la loi étant
» commune, nous ſommes donc conci-
» toyens : ſi nous ſommes concitoyens,
» nous vivons donc ſous une même po-
» lice, & le monde eſt une ville par con-
» ſéquent ». Voyez ſur cette Leçon Burlamaqui, II. Part. Chap. III. & V. Puffendorf, Liv. II. Chap. III. Cumberland,
Chap. V & VI.

LEÇON VIII.

Principes généraux des Lois naturelles ;
maniere de les développer.

LEs *Principes des Lois naturelles* ſont
ces vérités ou ces propoſitions primitives, par leſquelles nous pouvons effectivement connoître quelle eſt la volonté
de Dieu à notre égard en général, pour
pouvoir connoître la même volonté dans
tous les cas particuliers par une juſte &
raiſonnable application.

Il faut donc que ces principes ſoient
vrais, ſimples & ſuffiſans. Ils doivent être
vrais ; c'eſt - à - dire fondés ſur la nature

de l'homme, qui eſt le vrai fondement des lois naturelles. Tout principe faux, c'eſt-à-dire, qui ne fût pas fondé ſur la nature humaine, ne ſauroit conduire les hommes dans le vrai chemin de la félicité.

Ils doivent être ſimples, afin que les hommes puiſſent aiſément les ſaiſir. Car les lois naturelles étant obligatoires pour tous les hommes, il faut que les premiers principes de ces mêmes lois, ſoient d'une telle clarté que tout homme puiſſe les comprendre pour ſe conduire ſuivant leurs lumieres; ce qui demande de la ſimplicité & de la clarté.

Enfin ces principes doivent être ſuffiſans; car étant les principes de notre conduite, il faut qu'on en puiſſe tirer toutes les conſéquences néceſſaires dans tous les cas particuliers; en ſorte que l'expoſition des détails ne ſoit proprement que l'application des principes. Et comme la plupart des lois naturelles ſont ſujettes à diverſes exceptions, il eſt encore néceſſaire que leurs principes ſoient tels qu'ils renferment la raiſon des exceptions mêmes; & que non-ſeulement on puiſſe tirer toutes les regles ordinaires de la morale, mais qu'ils ſervent de plus à reſtreindre ces regles, quand le lieu, le temps & l'occaſion le demandent.

Le feul moyen de parvenir à la connoiffance des principes généraux des lois
naturelles, c'éft de confidérer avec attention
la nature de l'homme, fa conftitution, les relations qu'il a avec les êtres
qui l'environnent, & les êtres qui en réfultent. En effet le terme même de *droit
naturel* & la notion que nous en avons
donnée, font voir que les principes de
cette fcience ne peuvent être puifés que
dans la nature même & dans la conftitution de l'homme. En fuivant donc cette
route, nous trouverons d'abord deux
maximes qui font le fondement de tout le
fyftème des lois de la nature.

I. *Tout ce qui eft dans la nature de l'homme
& dans fa conftitution primitive & originaire,
& tout ce qui eft une fuite néceffaire de cette
nature & de cette conftitution, nous indique
certainement quelle eft l'intention ou la volonté de Dieu par rapport à l'homme, & par
conféquent nous fait connoître les lois naturelles.*

II. *Mais pour avoir un fyftême complet des
lois naturelles, il faut non-feulement confidérer la nature de l'homme telle qu'elle eft en
elle-même ; il eft néceffaire encore de faire
attention aux relations qu'il a avec les autres
êtres, & aux divers états qui en font la fuite ;
autrement il eft bien manifefte qu'on n'auroit
qu'un fyftême incomplet & défeclueux.*

On peut dire donc que le fondement
général du fystême des lois naturelles c'eft
la nature de l'homme prife avec toutes les
circonftances qui l'accompagnent, & dans
lesquelles Dieu lui-même l'a placé pour
de certaines fins, en tant que par ce
moyen on peut connoître quelle eft la
volonté de Dieu. En un mot, l'homme
tenant de la main de Dieu lui-même tout
ce qu'il eft, tant pour fon exiftence que
pour fa maniere d'exifter ; c'eft l'homme
feul bien étudié qui nous inftruira pleinement des vues que Dieu s'eft propofées en
nous donnant l'être, & par conféquent
des regles que nous devons fuivre pour
remplir les vues du Créateur. La Phyfique n'a point d'autre moyen pour découvrir les lois de la matiere.

Nous avons déjà remarqué qu'on peut
envifager l'homme fous trois égards, ou
dans trois états différens, qui embraffent
toutes les relations particulieres. Premiérement on peut l'envifager comme créature de Dieu & comme tenant de lui la
vie, la raifon & tous les avantages dont
il jouit. Secondement l'homme peut être
confidéré en lui-même, comme un être
compofé d'un corps & d'une âme, &
doué de plufieurs facultés différentes ;
comme un être qui s'aime naturellement
lui-même, & qui fouhaite néceffairement

fa propre félicité. Enfin l'on peut envifager l'homme comme faifant une portion
du genre humain, comme placé fur la terre
à côté d'autres êtres femblables à lui, &
avec lefquels il eft porté, & même obligé
par fa condition naturelle, de vivre en
fociété. Tel eft dans le fait le fyftème de
l'humanité ; d'où réfulte la diftinction de
nos devoirs la plus commune, la plus naturelle, prife des trois différens états dont
nous venons de parler : devoirs envers
Dieu, devoirs envers foi-même, devoirs
envers fes femblables.

Et d'abord la raifon nous faifant connoître Dieu comme l'être exiftant par lui-
même, & le fouverain Seigneur de toutes chofes ; & en particulier, comme notre créateur, notre confervateur, & notre bienfaiteur ; il s'enfuit que nous devons néceffairement reconnoître la fouveraine perfection de cet Être fuprême,
& la dépendance abfolue où nous fommes
de lui, ce qui par conféquent doit produire en nous des fentimens de refpect,
d'amour & de crainte, avec un entier dévouement à fa volonté. Car pourquoi
Dieu fe feroit-il ainfi manifefté aux hommes par la raifon, fi ce n'eft afin que les
hommes le connoiffent, ayent de lui des
fentimens proportionnés à l'excellence de
fa nature, c'eft-à-dire, qu'ils l'honorent,

qu'ils l'aiment, qu'ils l'adorent, & lui obéissent ? Le respect infini dont nous devons être pénétrés pour notre Créateur, c'est une conséquence naturelle de la distance infinie entre sa nature & la nôtre. L'amour & la reconnoissance dérivent aussi naturellement de l'idée que nous nous formons d'un si grand bienfaiteur ; sa justice & sa puissance doivent nous inspirer la crainte de lui déplaire. Or toutes ces considérations concourent à nous faire sentir l'obligation rigoureuse où nous sommes de nous conformer à sa divine volonté. Ces sentimens produisent chez nous ce qu'on appelle la *piété*, qui lorsqu'elle est accompagnée par des signes extérieurs, tels que les *mœurs* & le *culte*, s'appelle Religion, dont nous indiquerons les différens devoirs dans la suite.

Si nous cherchons ensuite le principe des devoirs qui nous regardent nous-mêmes, il ne sera pas difficile de le découvrir, en examinant quelle est la constitution intérieure de l'homme, quelles ont été les vues du Créateur par rapport à lui, & pour quelles fins il lui a donné ces facultés d'esprit & de corps qui constituent sa nature. Or il est de la derniere évidence que Dieu en nous créant, s'est proposé notre conservation, notre perfection, notre bonheur. C'est ce qui paroît manifeſtement & par les facultés dont l'homme eſt enrichi, qui tendent toutes à ſes fins, & par cette forte inclination qui nous porte à rechercher le bien & à fuir le mal. Dieu veut donc que *chacun travaille à ſa conſervation & à ſa perfection; pour acquérir tout le bonheur dont il eſt capable, conformément à ſa nature & à ſon état.*

Mais comme pour être portés à nous conſerver, à nous perfectionner nous-mêmes, il faut que nous nous aimions nous-mêmes, il s'en ſuit naturellement que le principe de nos devoirs envers nous-mêmes eſt *l'amour de nous-mêmes.*

Au reſte ſi nous mettons ici l'amour de nous-mêmes au premier rang, dans l'examen de la conſtitution humaine, ce n'eſt pas que nous prétendions que chacun doive toujours ſe préférer à tous les autres, ou avoir uniquement en vue ſon intérêt particulier, indépendamment de celui d'autrui; mais nous lui donnons cette place, d'un côté, parce que naturellement chacun connoît ſon exiſtence plutôt que celle d'autrui; les ſentimens de l'amour propre précedent auſſi naturellement ceux qui nous portent à nous intéreſſer pour autrui; de l'autre, parce que le ſoin de notre propre conſervation & de notre propre avantage nous touche de plus près que qui que ce soit. Car quoique nous nous proposions le bien public, cependant comme nous faisons nous-mêmes partie du genre humain, & qu'ainsi nous devons avoir quelque part à cette utilité commune; il n'y a certainement personne qui puisse être chargé plus particuliérement que nous-mêmes de nos propres intérêts.

De ce principe de l'amour de nous-mêmes, il est aisé de déduire les lois naturelles & les devoirs qui nous concernent directement. Le desir de notre bonheur demande premiérement le soin de notre conservation. Il veut ensuite, que toutes choses d'ailleurs égales, le soin de l'ame ait la préférence sur celui du corps. Il ne faut rien négliger pour perfectionner notre raison, en apprenant à discerner le vrai du faux, l'utile du nuisible, pour acquérir une juste connoissance des choses qui nous intéressent, & pour en bien juger. C'est en cela que consiste la perfection de l'entendement ou la sagesse. Il faut après cela se déterminer & agir constamment, suivant cette lumiere, non-obstant toute suggestion & toute passion contraire. Car c'est proprement cette force, ou cette persévérance de l'ame à suivre les conseils de la sagesse, qui constitue la vertu, & qui fait la perfection de la volonté,

sans

ſans quoi les lumieres de l'entendement
ne ſeroient d'aucun uſage.

Les devoirs de l'homme par rapport
aux ſoins du corps, ſont d'entretenir &
d'augmenter les forces naturelles du corps,
par des alimens & des travaux convenables; d'où l'on voit clairement les excès
& les vices qu'il faut éviter à cet égard.
Le ſoin de ſe conſerver renferme les juſtes bornes de la légitime défenſe de ſoi-
même, de ſon honneur, de ſes biens.

Mais ce n'eſt pas encore tout; je penſe
que je ne ſuis pas ſeul ſur la terre, je me
trouve au milieu d'une infinité d'autres
hommes ſemblables à moi en toutes choſes; & comme ʃ'eſt la naiſſance même
qui m'aſſujettit à cet état, & que c'eſt le
fait de la providence, cela me porte naturellement à penſer que l'intention de Dieu
n'a pas été que chaque homme vécût ſeul
& ſéparé des autres; il a voulu au contraire
qu'ils vécuſſent enſemble & qu'ils fuſſent
mis en ſociété. Le Créateur auroit pu ſans
doute former tous les hommes à la fois,
mais ſéparés, en donnant à chacun d'eux
des qualités propres & ſuffiſantes pour ce
genre de vie ſolitaire. S'il n'a pas ſuivi
cette route, c'eſt apparemment parce qu'il
a voulu que les liens du ſang & de la naiſſance commençaſſent à former entre les

hommes cette union plus étendue qu'il vouloit établir entr'eux.

Telle est en effet la nature & la constitution de l'homme, que hors de la société il ne sauroit ni conserver la vie, ni développer & perfectionner ses facultés & ses talens, ni se procurer un vrai & solide bonheur. Que deviendroit un enfant, si une main bienfaisante & secourable ne pourvoyoit pas à ses besoins? Il faut qu'il périsse si personne ne prend soin de lui; & cet état de foiblesse & d'indigence demande même des secours long-temps continués. Suivez-le dans sa jeunesse, vous n'y trouverez que grossiéreté, qu'ignorance & qu'idées confuses qu'il pourra à peine communiquer; vous ne verrez en lui, s'il est abandonné à lui-même, qu'un animal sauvage, & peut-être féroce, ignorant toutes les commodités de la vie, plongé dans l'oisiveté, en proie à l'ennui, & presque hors d'état de pourvoir aux premiers besoins de la nature. Parvient-on à la vieillesse? C'est un retour d'infirmités qui nous rendent presqu'aussi dépendans des autres que nous l'étions dans l'enfance. Cette dépendance se fait encore plus sentir dans les accidens & dans les maladies. Que deviendroit l'homme alors, s'il se trouvoit dans la solitude? Il n'y a que le secours de nos semblables qui puisse

nous garantir de divers maux, ou y remédier, & nous rendre la vie douce &
heureuse, à quelqu'âge & dans quelque
situation que nous soyons.

La société étant si nécessaire à l'homme,
Dieu lui a donné une constitution, des
facultés & des talens qui le rendent très-
propre à cet état. Telle est, par exemple,
la faculté de la parole, qui nous donne le
moyen de nous communiquer nos pensées avec tant de facilité & de prompti-
tude, & qui hors de la société, ne seroit
d'aucun usage. Nous avons reçu de Dieu
une intelligence dont l'utilité ne se développe qu'en société; par son moyen nos
connoissances ont franchi les bornes du
globe dans lequel nous nous étions trou-
vés renfermés; nous sommes parvenus à
multiplier, pour ainsi dire, notre existence personnelle, à penser, à agir dans
les autres hommes, à donner à nos volontés la puissance de nous rendre présens
en différens lieux à la fois : pourquoi donc
aurions-nous reçu ces facultés intellec-
tuelles, par le secours desquelles les hommes les plus éloignés les uns des autres
communiquent entr'eux & s'entre-servent,
si ce n'est pour que la société des hommes
existât par l'exercice habituel de ces mêmes
facultés ?

Cette intelligence qui nous rend maî-

tres de tout ce qui respire, qui permet
que notre foiblesse devienne la force do-
minante sur la terre, qui nous éleve enfin
à la connoissance évidente de tant de vérités sublimes & importantes à notre bonheur, nous laisseroit dans un état qui, à
plusieurs égards, seroit fort inférieur à
celui des brutes, si dans un homme elle
n'étoit jamais enrichie des lumieres qui
lui sont préparées par les autres hommes.
Oui, notre intelligence, ce don si précieux, est-une espece de patrimoine commun, qui n'a de valeur qu'autant que tous
les hommes le font valoir en commun, &
qu'ils en partagent les fruits en commun.
Lors même que la mort nous sépare de la
société, elle ne sépare point toujours la
société de la portion d'intelligence que
nous avons cultivée pendant notre vie :
les découvertes que nous avons faites par
son secours, tous les fruits, en un mot,
que nous en avons retirés, subsistent encore après nous, lorsque nous avons bien
voulu les communiquer & ne point les
dérober à la société. Notre intelligence
nous survit ainsi pour l'utilité de nos semblables ; ils semblent en hériter. En un
mot, si notre intelligence n'étoit pas commune à toute la société humaine, ses progrès, depuis une si longue suite de siecles,
ne seroient pas plus avancés, qu'ils pour-

roient l'être pendant le court espace de la vie d'un homme. L'on sait d'ailleurs ce que l'intelligence humaine a valu dans quelques individus qui ont eu le malheur de passer les premieres années de leur vie entiérement isolés.

Que feroit l'homme hors de la société de ces sentimens si conformes à sa nature, qui souvent l'entraînent malgré tous les efforts des passions contraires; de ces sentimens, dis-je, auxquels la nature a attaché tant de douceurs, la bienveillance, l'amitié, la reconnoissance, la compassion, la générosité? Ces sentimens étant des penchans vraiment socials, seroient entiérement superflus, & même dangereux dans l'état de société, parce que ne pouvant point s'y livrer, l'homme en feroit continuellement tourmenté. Je sais que dans cet état il ne les sentiroit pas aussi bien que dans la société, parce qu'ils ne seroient pas développés; mais on ne sauroit en nier au moins le germe; or ce même germe des inclinations sociales en démontre clairement la destination, savoir la société.

Tout donc nous fait sentir la nécessité de la société, tout nous y invite; besoins de l'esprit & du corps, facultés, penchans, organisation physique, l'amour même de nous-mêmes, & la nécessité de notre conservation, de notre perfection, de notre bonheur. D'un côté nous y sommes nécessairement portés ; d'un autre nous y trouvons des avantages très-considérables, & des plaisirs les plus purs. C'est montrer assez évidemment que l'intention du Créateur est que les hommes vivent en société, & que chacun s'y conduise de maniere à la rendre à soi-même & aux autres aussi agréable qu'il est possible par l'exercice réciproque des vertus sociales qui en resserrent de plus en plus les liens.

Les Moralistes appellent *sociabilité cette disposition qui nous porte à la bienveillance envers nos semblables, à leur faire tout le bien qui dépend de nous, à concilier notre bonheur avec celui des autres, & à subordonner toujours notre avantage particulier à l'avantage commun & général.* Plus nous nous étudierons nous-mêmes, plus nous serons convaincus que cette sociabilité est en effet conforme à la volonté de Dieu. Car outre la nécessité de ce principe, nous le trouvons gravé dans notre cœur. Si d'un côté le Créateur y a mis l'amour de nous-mêmes, de l'autre la même main y a imprimé un sentiment de bienveillance pour nos semblables. Ces deux penchans, quoique distincts l'un de l'autre, n'ont pourtant rien d'opposé ; & Dieu qui les a mis en nous, les a destinés à agir de concert pour

s'entr'aider, & nullement pour fe détruire.
Auffi les cœurs bien faits & généreux trou-
vent-ils la fatisfaction la plus pure à faire
du bien aux autres hommes, parce qu'ils
ne font en cela que fuivre une pente que
la nature leur a donnée.

De ce principe de la fociabilité découlent naturellement tous les devoirs de
l'homme envers fes femblables. Car 1°.
cette union que Dieu a établie entre les
hommes, exige d'eux que dans tout ce
qui a quelque rapport à la fociété, le bien
commun foit la regle fuprême de leur conduite, & qu'attentifs aux confeils de la
prudence, ils ne cherchent jamais leur
avantage particulier, au préjudice de l'a-
vantage public.

2°. L'efprit de fociabilité doit être univerfel. La fociété humaine embraffe tous
les hommes avec lefquels on peut avoir
quelque commerce, puifqu'elle eft fondée fur les relations qu'ils ont tous enfemble, en conféquence de leur nature &
de leur état. La fociabilité donc confifte
dans la difpofition générale d'un homme
envers tout autre, en conféquence de laquelle ils fe regardent comme unis enfemble par les liens de la paix, de la bienveillance, de l'affection; d'où il réfulte
une obligation réciproque.

3°. La raifon nous dit enfuite que dès

créatures du même rang, de la même efpece, nées avec les mêmes facultés, pour
vivre ensemble & pour participer aux
mêmes avantages, ont en général un droit
égal & commun. Nous sommes donc obligés de nous regarder comme naturellement égaux, & de nous traiter comme
tels. Par-là l'on sent affez que si nous avons
des droits, nous avons auffi des devoirs.
Tout ce qu'on nous doit, nous le devons
auffi à notre tour aux autres; & par conféquent nul droit fans devoir, & nul devoir fans droit. C'est le fondement de tous
les devoirs réciproques.

Par tout ce que nous avons dit dans
cette Leçon, l'on peut conclure qu'il y a
trois principes des lois naturelles, relativement aux trois états primitifs de l'homme; favoir, la *Réligion*, l'*amour de nous-
mêmes*, la *fociabilité*. Ces principes ont
tous les caracteres que nous demandions
ci-deffus. Ils font *vrais*, puifqu'ils font
pris dans la nature de l'homme, dans fa
conftitution & dans l'état où Dieu l'a mis.
Ils font *fimples*, car tirés du fond de notre
propre confcience à l'aide du raifonnement le plus naturel, perfonne ne peut
les ignorer, pour peu qu'il faffe attention
à ce qui fe paffe chez foi-même. Enfin, ils
font *fuffifans*, puifque, comme nous verrons dans la fuite, ils embraffent tous les

objets de nos devoirs, même les exceptions qui se rencontrent ; & par conséquent ils nous font connoître parfaitement la volonté de Dieu dans tous les états & toutes les relations de l'homme.

Entre ces trois principes généraux, il y a une subordination naturelle qui sert à décider auquel de ces devoirs on doit donner la préférence. Le principe général pour bien juger de cette subordination, c'est que *l'obligation la plus forte doit l'emporter sur la plus foible.* « Athéniens, » disoit Socrate, je vous honore & je » vous aime, mais j'obéirai plutôt à Dieu » qu'à vous. » Voilà donc une maxime dont il n'est jamais permis de s'écarter. Ce principe seul, *il faut obéir à Dieu plutôt qu'aux hommes,* est capable de confondre un million d'infidélités, dont on cherche l'excuse dans les respects humains.

. 2°. *Si ce que nous devons à nous-mêmes se trouve en opposition avec ce que nous devons à la société en général, la société doit avoir la préférence.* 3°. *S'il y a du conflit entre un devoir de l'amour de soi-même, & un devoir de la sociabilité, toutes choses d'ailleurs égales, l'amour de soi-même doit prévaloir.* 4°. *Que si l'opposition se trouve entre deux devoirs de la sociabilité, on doit préférer celui qui est accompagné de la plus grande utilité.*

E v

Ajoutons fur cette matiere deux remarques importantes. L'on dit qu'entre les maux il faut choisir le moindre. On fe laiffe couper un membre pour fauver tout le corps. On abufe étrangement de cette maxime. C'eft une économie qui n'eft point d'ufage dans la Morale ; les maux ne s'y compenfent point ; entre deux vices il n'eft point de choix à faire ; & ce n'eft jamais que par de faux jugemens qu'on eft réduit à cette extrémité fâcheufe. On met l'obligation de fes devoirs en parallele avec des intérêts qui ne font rien quand on les compare avec celui de la juftice.

L'on fe fait encore une autre illufion plus fpécieufe, mais d'autant plus inexcufable qu'elle eft plus réfléchie ; c'eft de faire un mal dans la vue d'un bien. Ce bien paroît quelquefois fi grand & le mal fi petit, qu'on ne croit pas devoir balancer à faire l'un pour l'autre. Mais l'obligation d'être jufte n'admet point d'exceptions. La même autorité qui défend les grandes fautes, interdit jufqu'aux plus petites. Elle veut qu'on s'abftienne de l'apparence même du mal. C'eft outrager la fageffe de Dieu, de penfer qu'il nous ait impofé des devoirs qui ne pourroient s'accomplir que par le violement de quelqu'autre devoir. Tout exercice de vertu ceffe dès qu'il a befoin de la concurrence

du vice. Si les doutes fur nos actions fe
multiplient, n'eft-ce pas prefque toujours
par une fuite de nos négligences ? Nous
ne réfléchiffons point, où nous réfléchiffons peu fur nous-mêmes. Nous ne confultons point notre cœur, & les principes de juftice & de convenance qu'il nous
donne fur la nature de nos actions. Nous
ne faifons pas affez d'attention aux inf-
tructions qu'on nous donne ; ou fi nous
les recevons, nous les oublions & nous
les perdons de vue par nos diffipations.
Nous préférons les connoiffances frivoles
à la fcience de bien vivre : il femble que
ce foit là le dernier de nos intérêts ; nous
nous livrons aux paffions vaines ou déréglées, ceux même qui font inftruits craignent fouvent de l'être trop, ils font
profeffion d'ignorer les fcrupuleux détails
de leurs devoirs, & s'en applaudiffent.
Combien peu d'ames amies de leurs obligations, ne fe reconnoiffent pas à ce
portrait !

LEÇON IX.

Application des principes généraux des lois naturelles aux actions humaines, & premiérement de la conscience.

NOus voilà déjà bien avancés dans la connoiſſance de nos devoirs, car tous doivent néceſſairement découler des principes généraux que nous avons développés dans la Leçon précédente. Mais puiſque tout le monde n'eſt pas capable d'en faire l'application aux cas particuliers, en en tirant des conséquences juſtes, & qui effectivement ſoient contenues dans ces mêmes principes, nous nous propoſons de donner dans cette Leçon des maximes capables de nous conduire dans cette importante application.

Nous avons obſervé dans la Leçon VI. que la moralité des actions humaines étoit leur conformité ou leur oppoſition à la loi, & que la conformité de nos actions avec la loi en faiſoit la juſtice & la bonté; & qu'au contraire l'oppoſition de nos actions avec la loi en conſtituoit l'injuſtice & la malice. Ainſi qu'un homme juſte eſt celui qui agit toujours conformément à la

loi, un homme injuste est celui qui dans
ses actions s'en écarte. Agir conformément à la loi, c'est s'acquitter des devoirs
que la loi impose, envers Dieu, envers
soi-même, envers ses semblables. L'idée
donc du juste est une idée relative à ces
trois especes de devoirs; de maniere que
si une action pouvoit être conforme à ce
que nous devons à nous-mêmes, à ce que
nous devons à notre prochain, sans qu'elle
fût conforme à ce que nous devons à notre
Créateur; si cela, dis-je, étoit possible,
cette action seroit injuste.

L'idée que nous venons de donner de
la Justice est bien différente de celle que
nous devons nous former de la justice civile; car les lois humaines n'ayant en vue
que l'ordre & la tranquillité de la société,
les actions justes, suivant ces mêmes lois,
font celles qui font conformes à l'ordre &
à la tranquillité du corps politique, quelle
que foit la relation qu'elle puisse avoir
avec la religion & l'amour de nous-mêmes.
L'on sent assez par-là la grande différence
qu'il y a entre la justice naturelle & la
justice civile. « C'est bien peu de chose,
» disoit sagement Seneque, de n'être
» homme de bien qu'autant que les lois
» civiles l'exigent. » (*) Voyez sur cette

____

(*) De Ira, lib. 2, cap. 27.

matiere Barbeyrac, *Difcours fur la përmif- fion des Lois :* notre *Conclufion générale* à la fin du Tom. V. du Droit de la Nature de BURLAMAQUI; & le Tom. III. pag. 360, Remarque 105. *Les Maîtres ne fau-roient s'étendre affez fur cette matiere, pour faire fentir à la jeuneffe qu'ils inf-truifent, combien peu l'on êft avancé dans le chemin de la vertu, fi l'on fe contente d'être fimplement bon citoyen, fans être en même temps honnête homme.*

Ce qui eft jufte fuivant la juftice natu-relle, eft encore utile. Car la vraie utilité de l'homme eft le bonheur auquel il afpire; or il eft impoffible qu'il l'obtienne fans la juftice naturelle. La vraie utilité donc eft réciproque avec la juftice naturelle. Mais pour ne fe pas faire illufion, il faut dif-tinguer ici deux efpeces d'utile; car il y en a un qui ne paroît tel qu'au jugement corrompu des paffions déréglées, lefquel-les, fans s'embarraffer de l'avenir, s'atta-chent uniquement aux avantages préfens & paffagers : c'eft dans ce fens qu'Horace prenoit l'utile lorfqu'il difoit :

Atque ipfa utilitas, jufti propè mater & æqui.

Agefilas n'en avoit pas une idée diffé-rente, lorfqu'il foutint que tout ce qui étoit utile à Lacédémone étoit bien : les trahi-fons des Romains vis-à-vis des Gaulois

& de Carthage ; le projet de l'aſſaſſinat de Porſenna, &c. découloient du même principe. Mais il y a une autre utilité fondée ſur les lumieres de la droite raiſon, qui ne conſidere pas ſeulement ce qu'on a devant les yeux, mais qui en examine les rapports les plus éloignés, & les ſuites. Ainſi cette raiſon éclairée ne juge véritablement utile, que ce qui eſt tel toujours & à tous égards, comme auſſi pour tout le monde ; elle condamne au contraire abſolument ces deſirs aveugles qui nous font ſoupirer après quelqu'avantage momentané, d'où il naîtra une foule de maux.

On appelle proprement *honnête* toute action, tout ſentiment, tout diſcours qui prouve le reſpect de l'ordre général ; & on appelle *honnête homme*, celui qui ne ſe permet rien de contraire aux lois de la vertu. C'eſt pourquoi on donne le nom d'honnêteté à la pureté des mœurs, de maintien & de paroles. Cicéron la définiſſoit, une ſage conduite, où les actions, les manieres & les diſcours, répondent à ce que l'on eſt & à ce qu'on doit être.

Suivant donc les idées que nous venons de donner du juſte, de l'utile & de l'honnête, on peut bien les confondre. Tout ce qui eſt juſte eſt utile & honnête ; ce qui eſt utile, eſt juſte & honnête, & ce qui eſt honnête eſt en même temps juſte &

utile. La doctrine de ceux qui les féparent, établiffant qu'il y a des chofes honnêtes qui ne font pas utiles ou juftes, des chofes utiles qui ne font pas juftes ou honnêtes, & des chofes honnêtes qui ne font pas utiles ou juftes, cette doctrine, dis-je, eft auffi pernicieufe, qu'elle eft peu folide. Elle confond étrangement les vraies idées de ces trois qualités. « Le langage & les
» opinions des hommes, difoit très-bien
» Cicéron, (*) fe font beaucoup écartés
» de la vérité & de la droite raifon, en
» féparant l'honnête de l'utile, & en fe
» perfuadant qu'il y a des chofes honnêtes
» qui ne font pas utiles, & qu'il y en a
» d'autres qui font utiles, fans être hon-
» nêtes. C'eft-là une vraie pefte pour la
» vie humaine. Auffi voyons-nous que
» Socrate déteftoit ces Sophiftes, qui les
» premiers ont féparé dans leur opinion
» deux chofes qui fe trouvent réellement
» jointes dans la nature.

En effet, plus on pénetre le plan de la providence divine, plus on remarque qu'elle a voulu lier le bien & le mal moral au bien & au mal phyfique, ou ce qui eft la même chofe, le jufte à l'utile. Et puifque dans certains cas particuliers, la chofe femble aller autrement, ce n'eft là qu'un

-----

(*) Offic. Lib. II. cap. III. & lib. III. cap. III.

désordre accidentel, qui est moins une suite naturelle du système, qu'un effet de l'ignorance ou de la malice des hommes. Cette union, cette harmonie, cet accord merveilleux qui se trouve naturellement entre le juste, l'honnête & l'utile, fait toute la beauté de la vertu, & nous apprend en même temps en quoi consiste la vraie perfection de l'homme.

D'après ces principes, il ne sera pas difficile de faire l'application des lois naturelles aux actions humaines. Cette application se fait moyennant un syllogisme, dont la majeure doit contenir la loi ; la mineure renferme l'action dont il s'agit ; & la conclusion le jugement du rapport entre l'action & la loi. Par exemple, quiconque dérobe à un propriétaire légitime ce qui lui appartient, commet un crime ; voilà la loi. J'ai dérobé telle ou telle chose à son légitime propriétaire ; voici l'action : Donc j'ai commis un crime. C'est cette conclusion qui contient le jugement que je porte de l'opposition de mon action à la loi, & par conséquent l'application de la loi à mon action. La loi naturelle prescrit un culte externe ; voilà la loi. Je rends à Dieu dans les temps prescrits par la discipline ecclésiastique ce culte externe : voici l'action : Donc je m'acquitte de ce devoir de religion : c'est le jugement que je porte de la conformité de mon action avec la loi, & par conséquent l'application de la loi à l'action.

L'application donc des lois aux actions humaines n'est autre chose que *le jugement que l'on porte sur la moralité de ces actions en les comparant avec la loi.* Mais comme nous pouvons porter deux sortes de jugemens sur la moralité des actions humaines, l'une de ceux qui regardent nôs propres actions, l'autre de ceux qui ont pour objet les actions des autres; il y a deux sortes d'applications des lois aux actions humaines; le jugement que l'on porte sur ses propres actions s'appelle *conscience;* celui que l'on porte sur les actions des autres se nomme *imputation.* La conscience n'est proprement que *la raison elle-même, considérée comme instruite des lois auxquelles nous devons nous conformer, en jugeant si nos actions sont conformes à ces mêmes lois ou si elles y sont opposées.* Voici les regles principales qu'il faut suivre à l'égard de notre conscience.

1°. *Il faut éclairer sa conscience, la consulter & la suivre.* Il ne faut rien négliger pour s'instruire exactement de la volonté du Législateur & de la disposition des lois, afin d'avoir de justes idées de tout ce qui est ordonné ou défendu. Car si nous étions dans l'ignorance ou dans l'erreur à cet égard, le jugement que nous porterions

de nos actions, seroit néceffairement vicieux, & nous jetteroit ainfi dans l'égarement.

Mais cela ne fuffit pas. Il faut à cette
premiere connoiffance joindre celle de
l'action dont il s'agit, & pour cela, non
feulement il eft néceffaire d'examiner cette
action en elle-même, mais on doit auffi
faire attention aux circonftances particulieres qui l'accompagnent, & aux conféquences qu'elle peut avoir. Autrement
l'on courroit rifque de fe méprendre dans
l'application des lois, dont les difpofitions
générales fouffrent plufieurs modifications,
fuivant les différentes circonftances qui
accompagnent nos actions; ce qui influe
néceffairement fur la moralité & par conféquent fur nos devoirs. C'eft ainfi qu'il ne
fuffit pas qu'un Juge, avant que de pro-
noncer fur une affaire, foit bien inftruit de
ce que portent les lois; il faut de plus qu'il
ait une exacte connoiffance du fait dont il
s'agit, & de toutes fes circonftances.

2°. *Avant que de fe déterminer à fuivre*
les mouvemens de fa confcience, il faut bien
examiner fi l'on a les lumieres & les fecours
néceffaires pour juger de la chofe dont il
s'agit. Si l'on manque de ces lumieres &
de ces fecours, on ne fauroit rien décider,
& moins encore rien entreprendre fans une
extrême témérité.

3°. Suppofé qu'en général on ait les lumieres & les fecours néceffaires pour juger du fujet en queftion, *il faut voir enfuite fi l'on en a fait actuellement ufage ; en forte qu'on puiffe fans un nouvel examen fe porter à ce que la confcience fuggere.* L'expérience ne nous convainc que trop de la néceffité de cette regle.

Voilà les regles principales de la confcience. C'eft tout ce que l'homme peut & doit faire, & il eft moralement fûr qu'il ne fe trompera point dans fes jugemens, & qu'il ne s'égarera pas dans fes déterminations. Que fi malgré toutes ces précautions, il nous arrivoit pourtant de nous méprendre, comme cela n'eft pas abfolument impoffible ; ce feroit alors une faute de foibleffe inféparable de l'humanité, & qui porteroit fon excufe avec elle aux yeux du fouverain Légiflateur.

4°. Nous pouvons juger de nos actions ou avant que de les faire, ou après les avoir faites : ce qui donne occafion de divifer la confcience en confcience *antécédente,* & confcience *conféquente.* Cette diftinction donne lieu à une quatrieme regle : favoir, *que tout homme fage doit confulter fa confcience & avant que d'agir & après avoir agi.* Se déterminer à agir fans avoir auparavant examiné fi ce que l'on va faire eft bien ou mal, c'eft manifeftement té-

moigner une indifférence pour fon devoir,
qui eft la difpofition la plus dangereufe
pour l'homme, & capable de le jeter dans
les égaremens les plus funeftes. Mais
comme il peut arriver que dans ce premier
jugement on fe foit déterminé par paffion,
avec précipitation, ou fur examen très-
léger, il eft néceffaire de réfléchir de nouveau fur ce que l'on a fait, foit pour fe
confirmer dans le bon parti, fi on l'a pris,
foit pour redreffer fon tort, s'il eft poffible, & pour fe précautionner contre de
pareilles fautes à l'avenir. L'habitude de
faire ce double examen de nos actions eft
le caractere effentiel de l'honnête homme :
rien ne prouve mieux que l'on a véritablement à cœur de s'acquitter de fes devoirs.

L'effet qui réfulte de cette révifion de
notre conduite eft fort différent, fuivant
que le jugement que nous en portons,
nous abfout, ou nous condamne. Au premier cas, nous nous trouvons dans un
état de fatisfaction & de tranquillité, qui
eft la récompenfe la plus fûre & la plus
douce de la vertu. Si au contraire la confcience nous condamne, cette condamnation ne peut qu'être accompagnée d'inquiétude, de trouble, de reproches, de
crainte & de remords; état fi trifte, que
les Anciens l'ont comparé avec raifon à

celui d'un homme tourmenté par les furies. C'eft pourquoi l'on dit de la confcience fubféquente, qu'elle eft *tranquille* ou *inquiete* ou *mauvaife*.

Le jugement que nous faifons de la moralité de nos actions, eft encore fufceptible de plufieurs modifications différentes & qui produifent de nouvelles diftinctions de la confcience. Ces diftinctions peuvent convenir également aux deux premieres efpeces de confcience, c'eft-à-dire à la confcience antécédente & à la confcience conféquente; cependant elles s'appliquent encore mieux à la confcience antécédente.

La confcience eft donc ou décifive ou douteufe, fuivant le degré de perfuafion où l'on eft au fujet de la qualité de l'action. Lorfque l'on prononce décifivement & fans aucune difficulté, qu'une action eft conforme ou contraire à la loi, & que l'on doit en conféquence ou la faire, ou s'en abftenir, c'eft une confcience décifive. Si, au contraire, l'efprit demeure comme en fufpens, par le conflit des raifons qu'il voit de part & d'autre, & qui lui paroiffent d'un poids égal, en forte qu'il ne fait de quel côté il doit pencher, on dit que la confcience eft douteufe. Voici les regles principales à fuivre lorfque nous nous trouvons dans l'une ou dans l'autre de ces deux efpeces de confcience.

1°. *Ce n'est pas satisfaire pleinement à son devoir que de ne faire qu'avec une forte de répugnance ce qu'une conscience décisive ordonne ; mais l'on doit s'y porter promptement, volontiers, & avec plaisir. Au contraire, se déterminer sans balancer & sans répugnance contre les mouvemens d'une telle conscience, c'est montrer le plus haut degré de dépravation & de malice, & se rendre incomparablement plus criminel que si l'on étoit entraîné par une passion ou une tentation violente.*

2°. A l'égard de la conscience douteuse, *il ne faut rien négliger pour se tirer de l'incertitude, & l'on doit s'abstenir d'agir tant que l'on ne sait pas si l'on fera bien ou mal.* Autrement l'on témoigneroit un mépris indirect de la loi, en s'exposant volontairement au hasard de la violer ; ce qui est une conduite très-blâmable. Cette regle doit sur-tout s'observer dans les choses de grande importance.

3°. *Mais si l'on se trouve dans des circonstances où l'on soit nécessairement obligé de se déterminer & d'agir, il faut par une nouvelle attention tâcher de démêler quel est le parti le plus sûr & dont les conséquences sont les moins dangereuses.* Le parti le plus sûr est ordinairement celui qui est opposé à la passion.

Il faut bien distinguer la conscience douteuse de la conscience *scrupuleuse* qui est la conscience des foux ; étant produite ordinairement par des difficultés frivoles & par des craintes mal entendues qui s'élevent dans les esprits foibles & ignorans, que le vulgaire appelle ames délicates.

Il s'en faut bien que la conscience décisive soit toujours droite. Comme dans la science du vrai nous ne soûtenons pas avec moins d'opiniâtreté l'erreur que la vérité, ainsi dans la science du bien nous nous décidons souvent sans hésiter pour le mal qui se présente sous l'apparence du bien, avec la même fermeté & résolution que pour le bien réel. Ainsi la conscience décisive peut être *droite* ou *erronée*. Si elle est droite, il faut suivre la regle premiere de la conscience décisive; si elle est erronée, voici la regle à suivre.

4°. *Il faut toujours suivre les mouvemens de la conscience, lors même qu'elle est erronée.* La raison de cette regle, c'est, que quand même notre conscience est erronée, nous ne la croyons pas moins droite. Nous ne pouvons donc pas agir contre les mouvemens de la conscience erronée, que nous croyons droite, sans marquer un mépris direct du Législateur & de ses ordres. Mais celui qui agit suivant les mouvemens de la conscience erronée, n'est pas excusable, à moins que l'erreur ne soit invincible, ce qui n'a jamais lieu à l'égard des lois naturelles.

Enfin

Enfin la conscience droite est encore de deux sortes, *démonstrative* ou *probable*. La conscience démonstrative est celle qui est fondée sur des principes certains & des raisons démonstratives. Mais si elle n'est fondée que sur des vraisemblances, sans pouvoir en démontrer la certitude, la conscience n'est que probable. Il y a une probabilité intrinseque qui est fondée sur les raisons tirées de la nature des actions & de leur rapport avec la loi, sans qu'elles soient démonstratives; & une probabilité extrinseque, qui est fondée sur l'autorité des personnes éclairées sur la nature des lois, & leur application aux actions des hommes.

5°. Il faut faire tous ses efforts dans la conscience probable, d'augmenter le degré de vraisemblance, afin d'approcher autant qu'il est possible de la conscience démonstrative & bien éclairée, & il ne faut se contenter de la probabilité que lorsqu'on ne peut pas faire mieux. Voyez BURLAMAQUI, II. Part. chap. VIII. Tom. II. pag. 230. & suiv. mais principalement l'excellent *Traité de la Conscience,* de M. la Placette.

LEÇON X.

Seconde maniere d'appliquer les principes gé-
néraux des lois naturelles aux actions hu-
maines ; leur imputation.

NOus avons remarqué dans la Leçon
précédente, qu'on pouvoit appliquer
les principes généraux des lois naturelles
aux actions humaines, de deux manieres ;
savoir à ses propres actions & aux actions
d'autrui. Nous avons donné les regles générales pour l'application de ces principes
à nos propres actions ; il nous reste à voir
de quelle maniere nous devons nous conduire dans l'application de ces mêmes
principes aux actions d'autrui : c'est cette
application à laquelle on donne le nom
d'*imputation*.

L'imputation est donc un jugement par le-
quel on déclare que quelqu'un étant l'auteur
ou la cause morale d'une action commandée
ou défendue par les lois, les effets bons ou
mauvais qui font la suite de cette action, doi-
vent actuellement lui être attribués ; qu'en
conséquence il en est responsable, & qu'il doit
en être loué ou blâmé, récompensé ou puni.
On appelle *Auteur* ou *cause morale* d'une

action celui qui l'a produite, en tout ou en partie, par une détermination de sa volonté, soit qu'il l'exécute lui-même physiquement & immédiatement, & c'est alors qu'on l'appelle proprement auteur; soit qu'il la procure par le fait d'autrui; & alors on lui donne le nom de *cause*.

Tous les hommes ont droit d'imputer les actions d'autrui à leurs véritables auteurs; mais ce droit n'est pas égal. Cela donne lieu de distinguer deux sortes d'imputation; l'une *simple*, l'autre *efficace*. La première est celle qui consiste seulement à approuver ou à désapprouver l'action, en sorte qu'il n'en résulte aucun autre effet par rapport à l'agent, que le blâme ou la louange. Mais la seconde ne se borne pas au blâme ou à la louange : elle produit encore quelqu'effet bon ou mauvais à l'égard de l'agent, c'est-à-dire, quelque bien ou quelque mal réel & positif qui retombe sur lui.

L'imputation simple peut être faite indifféremment par chacun, soit qu'il ait ou qu'il n'ait pas un intérêt particulier & personnel à ce que l'action fût faite, ou qu'elle ne le fût pas; il suffit d'y avoir un intérêt général & indirect; & comme l'on peut dire que tous les membres de la société sont intéressés à ce que les lois naturelles soient bien observées, ils sont tous en droit de louer ou de blâmer les actions d'autrui, felon qu'elles font conformes ou oppofées à ces lois. Ils font même dans une forte d'obligation à cet égard : le refpect qu'ils doivent au Légiflateur & à fes lois, l'exige d'eux ; & ils manqueroient à ce qu'ils doivent à la fociété & aux particuliers, s'ils ne témoignoient pas, du moins par leur approbation ou leur défaveu, l'eftime qu'ils ont de la vertu, & l'averfion qu'ils ont au contraire pour le vice.

Mais à l'égard de l'imputation efficace, il faut pour la pouvoir faire légitimement, que l'on ait un intérêt particulier & direct à ce que l'action dont il s'agit fe faffe ou ne fe faffe pas. Ceux qui ont un tel intérêt, font 1°. ceux à qui il appartient de régler l'action ; 2°. ceux qui en font l'objet, c'eft-à-dire, le Légiflateur & la perfonne offenfée par l'action d'autrui. Il y a cependant une différence entre le droit du Légiflateur & celui de la perfonne offenfée à cet égard. Celui-ci peut y renoncer, en pardonnant par grandeur d'ame l'injure reçue ; mais le Légiflateur, ou plutôt ceux qui ont en main dans une fociété le pouvoir exécutif, doivent néceffairement prendre connoiffance de l'injure, & en punir l'auteur comme violateur des lois & perturbateur de l'ordre du corps politique. La raifon de cette différence, c'eft que la perfonne offenfée n'a aucun devoir à remplir dans l'imputation efficace ; tout fon devoir fe borne à l'intérêt général qu'elle doit prendre à ce que les lois de la fociété foient bien obfervées ; ce qui revient à l'imputation fimple : mais le droit du Souverain eft fondé fur un devoir effentiel de la fouveraineté qui eft de veiller à la sûreté & à la tranquillité du corps politique. Renoncer au droit d'imputer efficacement une action, c'eft fouler aux pieds le principal devoir de la fouveraineté.

Quand on impute une action à quelqu'un, on le rend refponfable des fuites bonnes ou mauvaifes de l'action qu'il a faite ; donc pour rendre l'imputation jufte, il faut qu'il y ait quelque liaifon néceffaire entre ce que l'on a fait ou omis, & les fuites bonnes ou mauvaifes de l'action ou de l'omiffion ; & que d'ailleurs l'agent ait eu connoiffance de cette liaifon, ou que du moins il ait pu prévoir les effets de fon action avec quelque vraifemblance, fans cela l'imputation ne fauroit avoir lieu. Il faut raifonner de la même maniere à l'égard d'une action qui a produit quelque bien. Ce bien ne peut nous être attribué, lorfqu'on en a été la caufe fans le favoir & fans y penfer. Mais auffi, il n'eft pas néceſſaire, pour qu'on nous en ſache gré, que nous euſſions une certitude entiere du ſuccès ; il ſuffit que l'on eût lieu de le préſumer raiſonnablement.

Nous avons dit dans la définition de l'imputation, qu'une bonne action attire de la louange à l'Auteur, & une mauvaiſe du blâme. C'eſt le fondement du *mérite* & du *démérite*. *Le mérite eſt donc une qualité qui donne droit de prétendre à l'approbation, à l'eſtime & à la bienveillance de nos ſupérieurs ou de nos égaux, & aux avantages qui en ſont une ſuite. Le démérite eſt une qualité oppoſée, qui nous rendant digne de la déſapprobation & du blâme de ceux avec leſquels nous vivons, nous force, pour ainſi dire, de connoître que c'eſt avec raiſon qu'ils ont pour nous ces ſentimens ; & que nous ſommes dans la triſte obligation de ſouffrir les mauvais effets qui en ſont les conſéquences.* Ces notions du mérite et du démérite ont donc leur fondement dans la nature même des choſes, & elles ſont parfaitement conformes au ſentiment commun & aux idées généralement reçües. La louange & le blâme ſuivent toujours la qualité de nos actions, ſuivant qu'elles ſont moralement bonnes ou mauvaiſes. Cela eſt clair à l'égard du Légiſlateur. Il ſe démentiroit lui-même groſſiérement, s'il n'approuvoit pas ce qui eſt conforme à ſes Lois, & s'il ne condam-

noit pas ce qui y eſt contraire. Et par
rapport à ceux qui dépendent de lui, ils
font par cela même obligés de régler là-
deſſus leurs jugemens.

Il faut bien faire attention à la définition du mérite que nous venons de donner : le mérite nous donne droit à l'approbation, à l'eſtime, à la bienveillance ;
mais non pas à une reconnoiſſance de la
part du ſupérieur ou de nos égaux : car
tant que l'on ne fait que ce à quoi l'on
eſt indiſpenſablement obligé, on s'acquitte
ſeulement de ſon devoir ; ce qui produit
un certain droit à la louange, à l'eſtime,
à la bienveillance, mais non pas à la reconnoiſſance de la part d'un ſupérieur ou
d'un égal. D'où il paroît que les hommes
ne ſauroient acquérir aucun droit à quelque récompenſe de la part de Dieu, quand
même ils ſeroient capables d'accomplir
parfaitement la Loi divine. De ſorte que ſi
Dieu devient en quelque maniere débiteur
des hommes, ce n'eſt jamais qu'en vertu
d'une promeſſe gratuite à laquelle ſa bonté
ne lui permet pas de manquer, & qui cependant ne donne aucun droit proprement
ainſi nommé d'exiger de Dieu ce qu'il a
promis.

Comme le mérite & le démérite ſont
des qualités attachées à la bonté ou à la
malice des actions humaines, & que la

bonté & la malice des actions ont leurs différens degrés ; le mérite & le démérite ont aussi leurs différens degrés, & peuvent être plus ou moins grands. C'est pourquoi quand il s'agit de déterminer précisément jusqu'à quel point on doit imputer une action à quelqu'un, il faut avoir égard à ces différences ; & la louange ou le blâme, la récompense ou la peine doivent aussi avoir leurs degrés, proportionnellement au mérite ou au démérite. Ainsi selon que le bien ou le mal qui provient d'une action, est plus ou moins considérable ; selon qu'il y avoit plus ou moins de facilité ou de difficulté à faire cette action, ou à s'en abstenir ; selon qu'elle a été faite avec plus ou moins de réflexion ou de liberté ; selon que les raisons qui doivent nous y déterminer ou nous en détourner, étoient plus ou moins fortes, & que l'intention & les motifs en sont plus ou moins nobles & généreux, l'imputation s'en fait aussi d'une maniere plus ou moins efficace, & les effets en sont plus avantageux, ou plus fâcheux. D'après ces principes généraux, entrons dans quelque détail.

Et premiérement, il suit de ce que nous avons dit, que l'on impute à quelqu'un toute action ou omission, dont il est l'auteur ou la cause, & qu'il pouvoit & devoit faire ou omettre. 2°. Les actions de ceux qui n'ont pas l'usage de la raison, tels que sont les enfans, les insensés, les furieux, ne doivent point leur être imputées. Le défaut de connoissance empêche dans ce cas-là l'imputation. 3°. Toute ivresse contractée volontairement n'empêche point l'imputation d'une mauvaise action commise dans cet état. 4°. L'on n'impute à personne les choses qui sont véritablement au dessus de ses forces, si l'occasion d'agir a manqué, car l'imputation d'une omission suppose manifestement ces deux choses :

1°. Que l'on ait eu les forces & les moyens nécessaires pour agir ; & 2°. que l'on ait pu faire usage de ces moyens, sans préjudice de quelqu'autre devoir plus indispensable, ou sans s'attirer quelque mal considérable, auquel on n'étoit pas obligé de s'exposer.

On ne sauroit imputer à personne les bonnes ou les mauvaises qualités naturelles de l'esprit ou du corps. Mais on est digne de louange ou de blâme, si par la culture on les perfectionne, ou qu'on les détériore par la débauche.

Les effets des causes extérieures, & les événemens quels qu'ils soient, ne sauroient être attribués à quelqu'un, ni en bien, ni en mal, qu'autant qu'il pouvoit

& devoit les procurer, les empêcher ou les diriger, & qu'il a été ou soigneux ou négligent à cet égard.

Quant aux actions ou aux omissions qui peuvent prétexter l'ignorance, on peut dire en général que l'on n'est point responsable de ce que l'on fait ou l'on omet par une ignorance invincible, quand d'ailleurs elle est involontaire dans son origine & dans sa cause. Mais l'ignorance ou l'erreur en matiere de lois naturelles, passe en général pour volontaire, & n'empêche point l'imputation des actions ou des omissions qui en sont les suites. Mais il peut y avoir des cas particuliers, dans lesquels la nature de la chose, qui se trouve par elle-même d'une discussion difficile, jointe au caractere & à l'état de la personne dont les facultés naturelles bornées ont encore manqué de culture par un défaut d'éducation & de secours, peut rendre l'erreur insurmontable, & par conséquent digne d'excuse. C'est à la prudence du Législateur à peser ces circonstances, & à modifier l'imputation sur ce pied-là. Ainsi on peut dire en général que l'ignorance qui exclut l'imputation, n'est pas celle qui regarde les principes généraux, & ce que chacun étoit tenu de savoir, mais celle qui regarde les circonstances particulieres, & le *fait*, comme on parle, par opposition au *droit*.

Quant aux actions auxquelles on eſt forcé, il faut diſtinguer la violence phyſique de la violence morale. Une violence phyſique & telle qu'il eſt abſolument impoſſible d'y réſiſter, produit une action involontaire, qui loin de mériter d'être imputée, n'eſt pas même imputable de ſa nature. En ce cas l'auteur de la violence eſt la vraie & unique cauſe de l'action ; lui ſeul en eſt reſponſable, & l'agent immédiat étant purement paſſif, le fait ne peut pas plus lui être attribué, qu'à l'épée, au bâton, ou à tout autre inſtrument dont on ſe ſerviroit pour frapper.

Mais ſi la contrainte eſt produite par la crainte de quelque grand mal, dont on eſt menacé par une perſonne puiſſante, & qui eſt en état de le faire ſouffrir ſur-le-champ ; il faut dire que l'action à laquelle on ſe porte en conſéquence, ne laiſſe pas d'être volontaire, & que par conſéquent à parler en général, elle eſt de nature à pouvoir être imputée.

Pour connoître enſuite ſi elle doit l'être effectivement, il faut voir ſi celui envers qui on uſe de contrainte, eſt dans l'obligation rigoureuſe de faire une choſe ou de s'en abſtenir, au haſard de ſouffrir le mal dont on eſt menacé. Si cela eſt, & qu'il ſe détermine contre ſon devoir, la contrainte n'eſt pas une raiſon ſuffiſante

pour le mettre à couvert de toute imputation. Car en général on ne sauroit douter qu'un supérieur légitime ne puisse nous
mettre dans la néceffité indifpenfable d'o-
béir à fes ordres, au hafard d'en fouffrir,
& même au péril de notre vie. Mais fi
l'on fuppofe que celui qui emploie la contrainte, ne fait en cela qu'ufer de fon
droit & en pourfuivre l'exécution, l'action, quoique forcée, ne laiffe pas d'être
valable & d'être accompagnée de tous fes
effets moraux.

Pour ce qui eft des bonnes actions,
auxquelles on ne fe détermine que par
force, & pour ainfi dire, par la crainte
des coups ou du châtiment, elles ne font
comptées pour rien, & ne méritent ni
louange ni récompenfe.

Enfin à l'égard des actions manifeftement mauvaifes & criminelles, auxquelles
on fe trouve forcé par crainte de quelque
grand mal, & fur-tout de la mort, il faut
pofer pour regle générale, que les circonftances fâcheufes où l'on fe rencontre,
peuvent bien diminuer le crime de celui
qui fuccombe à cette épreuve, & qui commet, quoique malgré lui, une action mauvaife contre les lumieres de la confcience;
néanmoins l'action demeure toujours vi-
cieufe en elle-même & digne de reproche;
en conféquence de quoi elle peut être im-

putée, & elle l'eſt effectivement, à moins
que l'on ne puiſſe alléguer en ſa faveur
l'exception de la néceſſité.

Mais ſi celui qui exécute par crainte
une mauvaiſe action, en eſt pour l'ordinaire reſponſable ; l'auteur même de la
contrainte ne l'eſt pas moins, & l'on peut
avec juſtice l'en rendre comptable de ſon
côté pour la part qu'il y a eue. Ce qui
nous donne lieu d'ajouter ici quelques
réflexions ſur les cas où pluſieurs perſonnes concourent à produire la même action ; & d'établir des principes par leſquels on puiſſe déterminer comment on
peut imputer à quelqu'un l'action d'autrui.

A parler exactement, perſonne n'eſt
reſponſable que de ſes propres actions ;
car à l'égard des actions d'autrui, elles ne
ſauroient nous être imputées, qu'autant
que nous y avons concouru, & que nous
pouvions & devions les procurer, ou les
empêcher, ou du moins les diriger d'une
certaine maniere.

Cela poſé, on peut dire que chacun eſt
dans une obligation générale de faire en-
ſorte, autant qu'il le peut, que toute
autre perſonne s'acquitte de ſes devoirs,
& d'empêcher qu'elle ne faſſe quelque
mauvaiſe action ; & par conſéquent de ne
pas contribuer ſoi-même de propos délibéré, directement ni indirectement.

A plus forte raison l'on est responsable des actions de ceux sur qui l'on a quelque inspection particuliere, & que l'on est chargé de diriger. C'est sur ce fondement que l'on impute à un pere de famille la bonne ou la mauvaise conduite de ses enfans.

Pour être raisonnablement censé avoir concouru à une action d'autrui, il n'est pas nécessaire que l'on fût sûr de pouvoir la procurer ou l'empêcher, en faisant ou en ne faisant pas certaines choses; il suffit que l'on eût là-dessus quelque probabilité, ou quelque vraisemblance.

Enfin il est bon d'observer ici, qu'il ne s'agit point du degré de vertu ou de malice qui se trouve dans l'action même, & qui la rendant plus excellente ou plus mauvaise, en augmente la louange ou le blâme, la récompense ou la peine; il s'agit proprement d'estimer le degré d'influence que l'on a eu sur l'action d'autrui, pour savoir si l'on en peut être regardé comme la cause morale, & si cette cause est plus ou moins efficace. Ce qu'il est important de bien distinguer.

L'on peut ranger sous trois classes les causes morales qui influent sur une action d'autrui. Tantôt cette cause est la principale, ensorte que celui qui exécute n'est que l'agent subalterne: tantôt l'agent immédiat est au contraire la cause princi-

pale, tandis que l'autre n'est que la cause
subalterne; d'autres fois ce sont des causes
collatérales, c'est - à - dire, qui influent
également sur l'action dont il s'agit.

On appelle *cause principale* d'une action
*celui qui en faifant ou ne faifant pas certai-
nes chofes, influe tellement fur l'action ou
l'omiffion d'autrui, que fans lui cette action
n'auroit point été faite, ou cette omiffion
n'auroit pas eu lieu; quoique d'ailleurs l'a-
gent immédiat y ait contribué fciemment.*

On donne le nom de *cause fubalterne* à
*celui qui n'influe que peu fur l'action d'au-
trui, qui n'y fournit qu'une légere occafion,
ou qui ne fait qu'en rendre l'exécution plus
facile; de maniere que l'agent déjà tout déterminé à agir, & ayant pour cela tous les
fecours néceffaires, eft feulement encouragé à
exécuter fa réfolution:* comme quand on lui
indique la maniere de s'y prendre, le
moment favorable, le moyen de s'évader,
ou quand on loue fort fon deffein & qu'on
l'excite à le fuivre.

Enfin on nomme *cause collatérale celui
qui en faifant ou ne faifant pas certaines
chofes, concourt fuffifamment & autant qu'il
dépend de lui, à l'action d'autrui; en forte
qu'il eft cenfé coopérer avec lui; quoique l'on
ne puiffe pas préfumer abfolument que fans
fon fecours l'action n'eût pas été faite.* Tels
font ceux qui fourniffent quelque fecours

à l'agent immédiat, ceux qui lui donnent retraite & qui le protegent; celui par exemple qui, tandis qu'un autre enfonce une porte, prend garde aux avenues, pour favorifer le vol, &c. Un complot entre plufieurs perfonnes, les rend pour l'ordinaire également coupables.

L'application de ces diftinctions & de ces principes fe fait d'elle-même. Toutes chofes d'ailleurs égales, les caufes colla-térales doivent être traitées également. Mais les caufes principales méritent fans doute plus de louange ou de blâme & un plus haut degré de récompenfe ou de peine que les caufes fubalternes.

LEÇON XI.

Autorité des lois naturelles : fuites natu-relles & ordinaires de la vertu & du vice.

TOut ce que nous avons dit jufqu'ici des lois naturelles, nous en fait fentir affez la force & l'autorité qu'elles doivent produire fur notre efprit. D'un côté elles ne font autre chofe que le réfultat de la nature humaine qui ne peut fubfifter fans l'obfervation de ces mêmes lois; de l'au-tre, elles expriment la volonté du Créateur. Or faut-il encore d'autres motifs pour déterminer notre volonté à s'y conformer parfaitement fans jamais ofer s'en écarter? Oui, il y a encore d'autres motifs qui doivent déterminer prefque irréfiftiblement tout homme raifonnable à fe conformer aux lois naturelles. La bonté infinie de Dieu ne s'eft pas contentée de nous manifefter fa volonté; elle a encore attaché à l'accompliffement de fa volonté des récompenfes & dans ce monde & dans l'autre, pour nous porter plus fûrement au bonheur qui a été le but de notre création; tout comme un bon pere amene fes chers enfans à s'acquitter de leurs devoirs, par l'efpoir d'une agréable récompenfe? Nous nous bornerons dans cette Leçon à l'expofition des avantages qui nous reviennent dans ce monde de l'obfervation des lois naturelles, que nous envifageons comme des fuites naturelles & ordinaires de la vertu, ou de cette conftante difpofition à fe conformer aux ordres du fouverain Légiflateur.

En raifonnant ci-devant fur la nature de l'homme & fur fes différens états, nous avons montré que de quelque maniere & fous quelque face que l'on confidere le fyftême de l'humanité, l'homme ne peut remplir fa deftination, ni perfectionner fes talens & fes facultés, ni fe procurer un véritable bonheur, & le concilier avec celui de ses semblables, que par le moyen de la raison; qu'ainsi son premier soin doit être d'éclairer sa raison, de la consulter, & d'en suivre les conseils; qu'elle lui apprend qu'il y a des choses qui lui conviennent, & d'autres qui ne lui conviennent pas; que les premieres ne lui conviennent pas toutes également, ni de la même maniere; qu'il doit donc faire un juste discernement des biens & des maux, pour régler sa conduite sur des jugemens certains; que le vrai bonheur ne peut consister dans des choses incompatibles avec sa nature & son état; & qu'enfin, l'avenir ne devant pas moins entrer dans ses vues que le présent & le passé, il ne suffit pas pour arriver sûrement à la félicité, de regarder simplement ce qui se trouve de bien ou de mal dans chaque action présente; mais il faut, en rappellant le passé, considérer aussi l'avenir, pour combiner le tout ensemble, & voir quel en doit être le résultat dans toute la durée de notre être. Ce sont là autant de vérités clairement démontrées. Or les lois naturelles ne sont que les conséquences de ces vérités primitives; d'où il paroît qu'elles ont nécessairement & par elles-mêmes une très-grande influence sur notre bonheur. Et comment en douter, après avoir vu jusqu'à préfent, que la feule méthode pour découvrir les principes de ces lois, c'eft d'étudier d'abord la nature & l'état de l'homme, & de rechercher enfuite ce qui convient effentiellement à fa perfection & à fa félicité?

Après le raifonnement, confultons l'expérience. Nous voyons généralement que la vertu, c'eft-à-dire l'obfervation des lois naturelles, eft par elle-même une fource de fatisfaction intérieure, & que par fes effets elle eft infiniment avantageufe, foit à chaque particulier, foit à la fociété humaine en général, au lieu que le vice a des effets bien différens. Tout ce qui eft contraire aux lumieres de la raifon & de la confcience, ne peut qu'emporter une défapprobation fecrete de notre efprit, & nous caufer du chagrin & de la honte. Le cœur eft bleffé de l'idée du crime, & le fouvenir en eft toujours trifte & amer. Au contraire, toute conformité avec la droite raifon, eft un état d'ordre & de perfection, que l'efprit approuve; & nous fommes faits de telle maniere, qu'une bonne action devient pour nous le germe d'une joie fecrete; on en rappelle toujours le fouvenir avec plaifir.

Outre ce principe interne de joie, qui fe trouve naturellement attaché à la pratique des lois naturelles, nous voyons qu'elle produit au dehors toutes fortes de bons fruits. Elle tend à nous conferver la fanté & à prolonger nos jours : elle exerce & perfectionne toutes les facultés de notre ame ; elle nous rend propres au travail & à toutes les fonctions de la vie domeftique & civile : elle affure le bon ufage & la durée de tous nos biens ; elle écarte un grand nombre de maux, elle adoucit ceux qu'elle ne peut écarter, elle nous attire la confiance, l'eftime & l'affection des autres hommes, d'où réfultent de grandes douceurs dans le commerce de la vie, & de grands fecours pour le fuccès de nos entreprifes.

Obfervez fur quoi roule la fûreté commune, la tranquillité des familles, la profpérité des états, & le plus grand bien de chaque particulier. N'eft - ce pas fur les grands principes de religion, de tempérance, de pudeur, de bénéficence, de juftice & de bonne foi ? Et d'où viennent au contraire les défordres & la plupart des maux qui troublent la fociété, ou qui alterent le bonheur de l'homme, fi ce n'eft de l'oubli de ces mêmes principes ? Outre l'inquiétude & la honte, qui accompagnent pour l'ordinaire des mœurs déréglées, le vice traîne encore à fa fuite une foule de maux extérieurs, comme l'affoibliffement du corps & de l'efprit, les ma-

ladies & les accidens finiftres, fouvent la
pauvreté & la mifere, les bévues, les
partis violens & dangereux, les troubles
domeftiques, les inimitiés, les craintes
continuelles, le déshonneur, les châtimens, le mépris, la haine, & ce qui en
eft une fuite, mille traverfes dans les entreprifes que l'on forme. Un ancien a fort
bien dit, que la malice boit elle-même
plus de la moitié de fon venin. (*)

Cela eft fi généralement reconnu, que
toutes les inftitutions que les hommes forment entr'eux pour leur bien & leur avantage commun, font fondées fur l'obfervation des lois naturelles ; & que les précautions mêmes que l'on prend pour affurer l'effet de ces inftitutions, feroient
vaines & inutiles, fans l'autorité de ces
mêmes lois. C'eft ce que fuppofent manifeftement toutes les lois humaines en général, tous les établiffemens pour l'éducation de la jeuneffe, tous les réglemens de
police, qui tendent à faire fleurir les arts
& le commerce, tous les traités tant publics que particuliers.

Pour le mieux fentir encore, que l'on
effaye fi l'on veut, de former un fyftème
de morale, fur des principes directement
contraires à ceux que nous avons établis.

(*) Attalus apud Seneq. Ep. 82.

Suppofons que l'ignorance & les préjugés prennent la place d'une raifon éclairée ; que le caprice & les paffions foient mifes au lieu de la prudence & de la vertu : banniffez de la fociété & du commerce des hommes la juftice & la bienveillance, pour y fubftituer un amour-propre injufte, qui rapportant tout à foi, ne tienne aucun compte de l'intérêt d'autrui, ni de l'avantage commun. Etendez & appliquez ces principes aux états particuliers de l'homme, & voyez enfuite quel pourroit être le réfultat d'un pareil fyftème, fuppofé qu'il fût reçu & paffé en regle. Peut-on croire qu'il fît jamais le bonheur de l'homme, le bien des familles, l'avantage des nations, & celui du genre humain ? Perfonne n'a encore ofé foutenir un tel paradoxe.

Je ne difconviens pas que l'injuftice & les paffions ne puiffent en certains cas procurer quelques plaifirs ou quelques avantages. Mais outre que la vertu produit bien plus fouvent & plus fûrement les mêmes effets, la raifon & l'expérience nous montrent que les biens procurés par l'injuftice ne font ni auffi réels, ni auffi durables, ni auffi purs que ceux qui font le fruit de la vertu. C'eft que les premiers n'étant point conformes à l'état d'un être raifonnable & fociable, manquent par le principe, & n'ont qu'une apparence trompeuse. Ce font des fleurs qui n'ayant point de racine, féchent, & tombent prefque auffi-tôt qu'elles font éclofes.

Quant aux maux & aux difgraces attachées à l'humanité, & auxquelles on peut dire en général que les honnêtes gens font expofés comme les autres ; il eft certain pourtant que la vertu a encore ici divers avantages. Premiérement, elle eft très-propre par elle - même à prévenir ou à écarter plufieurs de ces maux : en effet les perfonnes fages & modérées évitent bien des écueils, foit phyfiques, foit moraux, où tombent les vicieux. En fecond lieu, dans le cas où cette même fageffe ne peut faire éviter les maux, elle donne à l'ame la force de les fupporter, & elle les contre-balance par des confolations & des douceurs qui n'en diminuent pas peu l'impreffion. Il y a un contentement inféparable de la vertu, qui ne peut jamais nous être enlevé ; & notre bonheur effentiel ne fouffre que peu d'atteinte par les accidens paffagers & en quelque forte extérieurs qui nous troublent quelquefois.

C'eft ainfi que tout bien compté, l'avantage eft fans comparaifon du côte de la vertu. Il paroît manifeftement que le plan de la fageffe divine a été de lier naturellement le mal phyfique avec le mal

moral, comme l'effet avec la caufe ; &
d'attacher au contraire le bien phyfique
ou le bonheur de l'homme au bien moral ou à la pratique de la vertu ; de forte
qu'à parler en général, & fuivant la conftitution originale des chofes, l'obfervation des lois naturelles n'eft pas moins
propre à avancer le bonheur public &
particulier, qu'un bon régime de vie eft
naturellement propre à conferver fa fanté.
Et comme ces récompenfes & ces puni-
tions naturelles de la vertu & du vice,
font un effet de l'inftitution de Dieu, on
peut véritablement les regarder comme
une forte de fanction des lois naturelles,
qui donne déjà beaucoup d'autorité aux
maximes de la droite raifon.

Malgré tout ce que nous venons de
dire fur les fuites naturelles de la vertu &
du vice, il faut avouer qu'elles ne font pas
toujours exactement proportionnées &
mefurées au degré de ces mêmes qualités.
La fanté, les biens de la fortune, de l'é-
ducation, de la condition, & d'autres
avantages extérieurs, dépendent pour l'ordinaire de diverfes conjonctures, qui en
font un partage fort inégal : & ces avantages s'évanouiffent fouvent par des accidens qui enveloppent également tous les
hommes.

De plus ; il n'eft pas rare de voir l'innocence

nocence être en butte à la calomnie, & la
vertu elle-même devenir l'objet de la per-
sécution. Quelles images en effet nous offrent les annales du genre humain ? Le
crime presque toujours couronné par le
succès, la vertu méprisée ou foulée aux
pieds, l'innocence gémissante & sans appui, tendant la gorge, comme l'a dit très-
bien un des plus grands Poëtes François,
au couteau de l'injustice soutenue de la
force.

Tel est au vrai l'état des choses. D'un
côté l'on voit qu'en général l'observation
des lois naturelles peut seule mettre quelqu'ordre dans la société & faire le bonheur des hommes ; mais d'un autre côté
il paroît que la vertu & le vice ne sont
pourtant pas toujours distingués suffisamment par leurs effets & par leurs suites
communes & naturelles, pour faire prévaloir l'ordre en toute rencontre.

De-là naît une difficulté très-forte contre
le système moral que nous avons posé.
Car quoique la vertu ait des avantages
marqués sur le vice; ils ne sont ni si grands,
ni si sûrs, qu'on puisse être suffisamment
dédommagé des sacrifices que l'on doit
faire pour remplir son devoir. Ce système,
ne le poussant pas au-delà des bornes de
cette vie, ne semble pas assez muni de
toute l'autorité & de toute la force né-

cessaire pour déterminer l'homme à se
soumettre à la volonté de Dieu manifestée par les lois naturelles. Dieu donc
s'en fera-t-il tenu à ces avantages si minces
& si incertains ? Est-il vraisemblable qu'il
n'ait fait usage d'aucun autre moyen plus
sûr, plus efficace pour porter les hommes
à l'observation des lois naturelles, à la
conservation de l'ordre ; & tandis qu'il a
donné des regles invariables aux êtres
physiques, auroit-il pris si peu de soin
pour l'observation des lois morales ? La
violation des lois morales seroit-elle moins
importante à la beauté & à la perfection
de l'univers, que celle des lois physiques ?
En un mot, les lois naturelles seroient-
elles destituées de sanction proprement
dite, & par là même réduites à la classe
des conseils plutôt que des lois ? Nous
avons démontré ailleurs que Dieu a donné
des lois proprement dites à l'homme : donc
il faut qu'elles ayent une véritable sanction. Cherchons-la. Voyez BURLAMA-
QUI, Part. II. Chap. XI. Clarke, *Existence de Dieu,* Tom. II.

LEÇON XII.

La sanction proprement dite des Lois naturelles. Démonstration de l'immortalité de l'ame.

LA difficulté que nous venons d'exposer, suppose que le systême de l'homme est absolument borné à la sphere de la vie présente, qu'il n'y a point d'état à venir, & que par conséquent il n'y a rien à attendre de la sagesse divine en faveur des lois naturelles, au-delà de ce qui se manifeste en ce monde. Si l'on pouvoit donc prouver que l'état présent de l'homme n'est que le commencement d'un systême plus étendu ; & que d'ailleurs la volonté de Dieu est véritablement de donner aux regles de conduite qu'il nous prescrit par la raison, toute l'autorité des lois, en les fortifiant d'une sanction proprement dite ; nous pourrions enfin conclure qu'il ne manque rien à la perfection du systême moral. La question donc se réduit à savoir si l'ame est immortelle ; & si après cette vie nous devons en attendre une autre de récompenses & de peines. Tâchons de démontrer, autant

que la nature des choses peut nous le permettre , ces deux vérités fondamentales
de la morale.

La question de l'immortalité de l'ame
est étroitement liée avec ce que nous appellons *spiritualité* ; ou pour parler avec
plus de clarté, on ne peut démontrer l'immortalité de l'ame , sans premiérement
avoir montré que sa nature est essentiellement différente de celle du corps.

C'est un principe incontestable que les
opérations des êtres sont analogues à leur
nature, qui est la raison suffisante de ces
opérations ; & que l'essence des êtres est
l'assemblage de leurs propriétés essentielles ; & par conséquent le même être ne
peut ni produire des opérations contradictoires, ni être doué de propriétés qui
se détruisent réciproquement ; de façon
que les opérations contradictoires, de
même que les propriétés qui se détruisent
réciproquement , font un argument certain que les êtres où on les découvre ,
font d'une nature & d'une essence différentes. Or ces opérations de l'ame font
contradictoires aux opérations du corps :
les propriétés de l'ame se détruisent réciproquement avec les propriétés du corps.

Quant aux opérations, tous les Philosophes font d'accord que celles du corps
se réduisent toutes au mouvement, &

celles de l'ame à la pensée. Or le mouvement eſt une opération contradictoire avec la penſée. Le mouvement eſt l'effet de la force motrice qu'on ne peut communiquer qu'à un être étendu, ſolide & doué de force d'inertie, ſuivant les lois phyſiques. Mais la penſée ne ſauroit ſe trouver dans un être étendu, ſolide & doué de force d'inertie.

Je dis d'abord que la penſée ne peut abſolument convenir à un être étendu : car tout être étendu eſt compoſé de parties. Or je demande, la faculté de penſer ſe trouve-t-elle dans chacune des parties de l'être étendu, ou ſeulement dans leur compoſition ? Si elle ſe trouve dans chacune de ſes parties, toutes, excepté une, ſeront ſuperflues, à moins qu'on ne veuille admettre dans l'homme un nombre infini de facultés de penſer; ce qui ſeroit abſurde. Si c'eſt dans la compoſition de ces parties que la faculté de penſer ſe trouve, comme la compoſition n'eſt qu'une modification des parties, la faculté de penſer exiſteroit dans une modification : abſurdité encore plus révoltante. De plus, ſi l'être penſant pouvoit être étendu, il n'y auroit point de raiſon ſuffiſante de le placer dans une partie de notre corps plutôt que dans une autre; ainſi qu'on devroit la répandre dans tout le corps. Or rien de plus contraire à l'expérience. Coupez les bras ou les jambes d'un homme, vous ne divifez ni ne diminuez en aucune maniere fon efprit; il demeure toujours femblable à lui-même & fuffifant à toutes fes opérations, comme il étoit auparavant. Or fi la faculté de penfer ne peut pas exifter dans une fubftance étendue, dans un corps, il faut néceffairement qu'elle fe trouve dans une fubftance effentiellement différente du corps, & principalement très-fimple.

La faculté de penfer ne peut pas exifter dans une fubftance folide. Car lorfque nous raifonnons, nous comparons plufieurs idées. Appellons cette action de raifonner A, & les idées que nous comparons, B, C, D : & que ces idées foient des mouvemens d'un être étendu G. On ne peut comparer ces idées fans qu'elles fe trouvent toutes à la fois réunies dans l'action A, qui eft le raifonnement. Or cela fe fait, ou parce qu'autant de particules du folide G, qui foutiendront les trois différens mouvemens des idées B, C, D fe réduiront à une feule partie en fe pénétrant, ou parce que ces trois différens mouvemens pafferont à la même particule, ayant laiffé en arriere celles où elles fubfiftoient. Dans ce dernier cas, les mouvemens exifteroient fans le corps; ce qui eft contraire aux principes les plus

inconteſtables de la métaphyſique ; dans le
premier, les particules ſe pénétreroient :
ce qui eſt incompatible avec la ſolidité.

Enfin, la faculté de penſer eſt libre :
nous pouvons continuer notre penſée ſur
un objet ; nous pouvons la diſcontinuer
& la tourner ſur d'autres ; & cela ſans
qu'une cauſe externe nous y détermine :
or cela eſt oppoſé à l'inertie des corps,
ſource des lois ſuivantes : 1°. *Chaque corps
perſévere dans ſon état de repos ou de mouvement uniforme en ligne droite, à moins
qu'il ne ſoit forcé à changer d'état, par des
forces qui lui ſont imprimées.* 2°. *Le changement du mouvement eſt toujours proportionnel
à la force mouvante imprimée ; & il ſe fait
dans la ligne droite, ſelon laquelle cette force
eſt imprimée.* 3°. *A chaque action eſt toujours
oppoſée une réaction égale : ou bien, les actions mutuelles des corps, les uns ſur les autres, ſont toujours égales, & ont des directions
contraires.* Cette propriété des corps s'oppoſe tellement à la liberté des opérations
de l'ame, que tout homme qui raiſonne,
& qui n'eſt pas tout-à-fait ſourd au ſens
intime, doit être pleinement convaincu de
la différence eſſentielle des deux ſubſtances.

Je me borne à ce petit nombre de réflexions également ſimples & inconteſtables ſur la différence eſſentielle des opérations & des propriétés de l'ame, d'avec

les opérations & les propriétés du corps.
Avant que d'aller plus loin, tâchons de
répondre à l'objection de Locke ; & afin
qu'elle ne fasse point d'illusion à ceux pour
qui principalement nous écrivons, nous
l'exposerons dans le style le plus séduisant
d'un soi-disant Philosophe de nos jours.

 « Je suis corps, dit-il, & je pense : je
» n'en sais pas davantage. Si je ne con-
» sulte que mes foibles lumieres, irai-je
» attribuer à une cause inconnue, ce que
» je puis si aisément attribuer à la seule
» cause seconde que je connois un peu ?
» Ici tous les Philosophes de l'Ecole m'ar-
» rêtent en argumentant, & disant : Il
» n'y a dans le corps que de l'étendue &
» de la solidité ; & il ne peut y avoir que
» du mouvement & de la figure : or du
» mouvement, de la figure, de l'étendue
» & de la solidité, ne peuvent faire une
» pensée : donc l'ame ne peut pas être
» matiere. Tout ce grand raisonnement
» répété tant de fois, se réduit unique-
» ment à ceci : Je ne connois que très-peu
» de chose de la matiere ; j'en devine im-
» parfaitement quelques propriétés : or je
» ne sais point du tout si ces propriétés
» peuvent être jointes à la pensée ; donc
» parce que je ne sais rien du tout, j'as-
» sure positivement que la matiere ne
» sauroit penser. Voilà nettement la ma-

» niere de raifonner de l'Ecole. M. Locke
» difoit avec fimplicité à ces Meffieurs :
» Confeffez que vous êtes auffi ignorans
» que moi : votre imagination & la mienne
» ne peuvent concevoir comment un
» corps a des idées : & comprenez-vous
» mieux comment une fubftance telle
» qu'elle foit, a des idées ? Vous ne con-
» cevez ni la matiere ni l'efprit : com-
» ment oferez-vous affurer quelque cho-
» fe ? Que vous importe que l'ame foit
» un de ces êtres incompréhenfibles qu'on
» appelle *matiere*, ou un de ces êtres in-
» compréhenfibles qu'on appelle *efprits* ?
» Quoi ! Dieu le Créateur de tout ne
» peut-il pas éternifer ou anéantir votre
» ame à fon gré, quelle que foit fa
» fubftance ? Le fuperftitieux vient à fon
» tour, & dit qu'il faut brûler pour le
» bien de leurs ames ceux qui foupçon-
» nent qu'on peut penfer avec la feule
» aide du corps. Ah! que diroit-il, fi c'étoit
» lui-même qui fût coupable d'irréligion ?
» En effet, quel eft l'homme qui ofera
» affurer fans une impiété abfurde, qu'il
» eft impoffible au Créateur de donner
» à la matiere la penfée & le fentiment ?
» Voyez, je vous prie, à quel embarras
» vous êtes réduits, vous qui bornez ainfi
» la puiffance du Créateur ? &c. » On
connoît à ce paffage l'homme d'efprit;

G v

mais on n'y reconnoît qu'un bien pauvre Philofophe. Où trouve-t-il, ce pauvre homme, cette impiété abfurde, en refufant au Créateur de donner à la matiere la penfée & le fentiment ? Il eft auffi impoffible au Créateur de donner la penfée à la matiere, qu'il lui eft impoffible de faire un être qui foit tout à la fois étendu & non étendu, impénétrable & pénétrable, actif par lui-même & libre, & doué de force d'inertie. Y a-t-il de l'abfurdité de refufer ce pouvoir au Créateur ? Borne-t-on par là fon pouvoir ? Il faut connoître auffi peu les principes des chofes dont on parle que les connoît l'Auteur de ce paffage, pour avancer de pareilles abfurdités.

Nous ne connoiffons ni la nature du corps, ni celle de l'ame : ces deux êtres font jufqu'à préfent des êtres incompréhenfibles pour nous. Il ne faut pas grand favoir pour avouer cette vérité. Mais faut-il pour cela conclure qu'il ne doit point nous importer que l'ame foit un de ces êtres incompréhenfibles qu'on appelle *matiere*, ou un de ces êtres incompréhenfibles qu'on appelle *efprits* ? Conclufion vraiment digne du favoir & de la religion de l'Auteur ! Faut-il donc conclure que l'ame n'eft pas une fubftance effentiellement différente du corps ? Nous ne connoiſſons pas la nature du fluide électrique, ni celle du fluide de l'aimant : faut-il donc conclure que ces deux fluides ne ſont pas d'une nature différente, malgré les différentes propriétés qu'on y a découvert ? Nous ne connoiſſons pas la nature de la force, ni celle de la vîteſſe. Faut-il donc conclure que la force n'eſt pas un être différent de la vîteſſe ? Toute la ſcience de la nature ne ſe borne-t-elle pas à la connoiſſance de quelques propriétés des êtres ? Mais ſi cette connoiſſance a toujours ſuffi aux plus grands hommes pour conclure qu'un être avoit une nature eſſentiellement différente de celle d'un autre, parce qu'on y a découvert des propriétés & des opérations différentes : pourquoi ne pouvons-nous pas conclure à la différence eſſentielle de l'ame & du corps, dès que le ſens intime, les lois de la nature, les expériences les plus triviales nous enſeignent la différence eſſentielle & l'oppoſition frappante entre les opérations & les propriétés du corps & de l'ame ? Pourquoi nous taxera-t-on d'impiété & de vouloir borner la toute-puiſſance du Créateur, lorſque nous ſoutenons que, vu l'état préſent des choſes, cette même toute-puiſſance ne peut pas faire que la matiere penſe ? L'Auteur du paſſage rapporté, ſeroit bien fâché que ſon Médecin raisonnât auſſi mal que lui, & que par les différentes propriétés & opérations des remedes, il n'en conclût pas la différence de leur nature, & par conséquent les lui ordonnât indifféremment. Mais laiſſons-le dans ſon ignorance, & paſſons à mettre dans tout ſon jour l'immortalité de l'ame.

Nous diſtinguerons d'abord deux eſpeces d'immortalité. Nous appellerons la premiere *intrinſeque*, & l'autre *extrinſeque*. Un être eſt immortel intrinſéquement, lorſque par ſa nature il ne peut pas être détruit par les autres êtres créés. Tel eſt tout être ſimple & indiviſible : car 1°. cet être ſimple n'étant pas un corps, ſe dérobe à toute action des corps qui ſuppoſe une réaction ; ce qui ne ſe trouve pas dans les êtres ſimples. Et qu'on n'allegue pas ici, pour éluder la force de notre raiſonnement, le ſyſtême de l'influence phyſique, ou de l'action du corps ſur l'ame & de l'ame ſur le corps ; car ce ſeroit une vraie pétition de principe. Si donc l'ame eſt un être ſimple, incapable de recevoir les actions des êtres créés, elle ſera indeſtructible, incorruptible, ou immortelle intrinſéquement & par ſa nature. 2°. Nous ne connoiſſons point d'autre deſtruction que celle qui dérive de la ſéparation des parties. Un être ſimple tel que l'ame, n'en

ayant point, ne fera pas fujet à cette efpece de deftruction. Elle ne pourra donc
périr que par l'anéantiffement & la réduc-
tion au néant. Mais cette deftruction fur-
paffe les forces des caufes naturelles. L'ame
donc par fa nature eft indeftructible, &
les caufes créées n'ont point de prife fur
elle : elle eft donc intrinféquement immortelle.

L'immortalité extrinféque eft cette qualité d'un être qui le rend indeftructible vis-
à-vis de tout autre de telle nature qu'il
foit, tellement que fa deftruction foit contradictoire. Le feul être néceffaire eft immortel extrinféquement, car il ne reconnoît aucun être au-deffus de lui qui puiffe
le réduire au néant; & fa deftruction eft
contradictoire, car il ne feroit pas autrement un être néceffaire. C'eft de cette
feconde efpece d'immortalité qu'il faut
entendre ce que l'Apôtre dit de Dieu,
qu'il poffede feul l'immortalité (*).

Lors donc qu'on demande : 1°. L'ame
humaine eft-elle immortelle? 2°. Peut-on
démontrer l'immortalité de l'ame par la
raifon? S'il s'agit de l'immortalité intrin-
feque, la réponfe eft claire, & rien de
plus aifé que de démontrer par la raifon

(*) I. Tim. VI. v. 16.

tirée de la simplicité de l'ame, qu'elle eſt immortelle intrinſéquement. Mais ſi l'on parle de l'immortalité extrinſeque, comme ce n'eſt que Dieu à qui cette immortalité convient eſſentiellement, on ne peut l'attribuer à l'ame ſans la faire paſſer en même-temps du rang des êtres contingens à celui de l'être néceſſaire, ce qui ſeroit abſurde. La raiſon nous apprend que l'ame, comme tout être contingent, a eu un commencement; qu'une cauſe toute-puiſſante & ſouverainement libre, l'ayant une fois tirée du néant, la tient toujours ſous ſa dépendance, & la peut faire ceſſer d'exiſter dès qu'elle voudra, comme elle l'a fait commencer d'exiſter dès qu'elle a voulu. C'eſt donc une grace que cet être ſouverain accorderoit à notre ame, que de la conſerver éternellement.

Or nous voici à la queſtion. L'Être éternel lui accordera-t-il cette grace? La révélation ne nous laiſſe aucun doute là-deſſus. Mais indépendamment de la révélation, peut-on le démontrer par la raiſon naturelle? Or c'eſt préciſément ce que toute perſonne qui connoît ce que c'eſt qu'une démonſtration proprement ainſi nommée, n'oſeroit affirmer. Il s'agit de connoître la volonté de Dieu. La raiſon nous fait aſſez clairement connoître la volonté de Dieu quant à ce que nous devons faire;

mais elle n'étend pas fes lumieres jufqu'à connoître la volonté de Dieu quant à ce qu'il fera : cette connoiffance étoit au-deffus de notre entendement, & ne contribuoit point d'ailleurs à notre bonheur.

Mais quoique la révélation feule puiffe nous convaincre pleinement de cette immortalité ; néanmoins on peut dire qu'elle fournit en foule des raifons fi fortes, & qui deviennent d'un fi grand poids par leur affemblage, que cela nous mene à une certitude bien confolante.

Et d'abord il n'eft point probable qu'une intelligence, qui eft capable de connoître tant de vérités, de faire tant de découvertes, de raifonner fur une infinité de chofes, d'en fentir les proportions, les convenances, les beautés ; de contempler les œuvres du Créateur, de remonter jufqu'à lui, d'obferver fes deffeins, & d'en pénétrer les caufes ; de s'élever au-deffus des chofes fenfibles, & jufqu'à la connoiffance des chofes fpirituelles & divines ; qui peut agir avec liberté & avec difcernement, & qui eft capable des plus belles vertus : il n'eft, dis-je, guere probable qu'un être orné de qualités fi excellentes & fi fupérieures à celles des brutes, n'ait été fait que pour le court efpace de cette vie. Les anciens ont fenti tout le poids de cet argument.

Telle eſt d'ailleurs la nature de l'eſprit humain, qu'il peut toujours faire des progrès & perfectionner ſes facultés. Quoique nos connoiſſances ſoient actuellement reſtreintes dans certaines limites, nous ne voyons point des bornes ni dans celles que nous pouvons acquérir, ni dans les inventions dont nous ſommes capables, ni dans les progrès de notre jugement, de notre prudence & de notre vertu. L'homme eſt à cet égard toujours ſuſceptible de quelque nouveau degré de perfection & de maturité. La mort l'atteint avant qu'il ait pour ainſi dire achevé ſes progrès, & lorſqu'il étoit capable d'aller bien plus loin.

Rien n'égaloit le plaiſir & le contentement que les plus ſenſés & les plus ſages d'entre les Païens ſentoient à croire que leur ame étoit immortelle de ſa nature. Cette penſée étoit leur plus ferme appui au milieu des calamités auxquelles ils ſe trouvoient expoſés, & ſur-tout au milieu de celles que leur vertu leur attiroit. Elle leur donnoit de grandes eſpérances d'un heureux avenir : elle leur ſervoit enfin de puiſſant motif pour s'attacher à la pratique de toutes ſortes de vertus morales, & pour tenir leur corps toujours ſoumis à l'empire de la raiſon.

C'eſt ſans doute par le ſentiment na-

turel de la dignité de notre être & de la
grandeur de notre deſtinée, que nous
portons naturellement nos vues ſur l'avenir, que nous nous intéreſſons à ce qui
arrivera après nous, que nous cherchons
à perpétuer notre nom & notre mémoire,
& que nous ne ſommes point inſenſibles
au jugement de la poſtérité. Ces ſentimens ne ſont point une illuſion de l'a-
mour-propre ni du préjugé. Le déſir &
l'eſpérance de l'immortalité ſont une im-
preſſion qui nous vient de la nature. Et
ce déſir eſt ſi raiſonnable en ſoi, il eſt ſi
utile & ſi bien lié avec le ſyſtème de l'humanité, que l'on en peut au moins tirer
une induction très - probable en faveur
d'un état futur. Quelque grande que ſoit
en elle-même la vivacité de ce déſir, elle
augmente encore à meſure que nous prenons plus de ſoin de cultiver notre raiſon, & que nous faiſons plus de progrès
dans la connoiſſance de la vérité & dans
la pratique de la vertu. Ce ſentiment devient le principe le plus ſûr des actions
nobles, généreuſes, & utiles à la ſociété;
& l'on peut dire que ſans ce principe toutes les vues humaines ſeroient petites,
baſſes & rampantes. Or quelle apparence
que Dieu ait donné aux hommes des eſpérances qui ne doivent jamais être rem-
plies; des déſirs qui n'ont aucun objet qui

leur réponde ; des frayeurs inévitables
pour des chofes qui n'ont point de réalité ?

Mais après avoir confidéré l'homme du
côté *phyfique*, confidérons-le du côté *moral*. Nous avons vu que l'homme eſt un
être raiſonnable & libre, qui diſtingue le
juſte & l'honnête, qui trouve au dedans
de lui des principes de conſcience, qui
connoît ſa dépendance du Créateur, &
qui eſt né pour remplir certains devoirs.
Son plus bel ornement eſt la raiſon & la
vertu. Sa grande tâche dans la vie eſt de
faire des progrès de ce côté-là, en pro-
fitant de toutes les occaſions qu'il a de
s'inſtruire, de réfléchir & de faire du bien.
Plus il s'exerce & ſe fortifie dans des oc-
cupations ſi loüables, plus il remplit les
vues du Créateur, & ſe montre digne de
l'exiſtence qu'il a reçue. Il ſent que l'on
peut raiſonnablement lui faire rendre
compte de ſa conduite ; & il s'approuve
ou ſe condamne lui-même, ſelon la différente maniere dont il agit.

Ajoutons à cette confidération, que ſi
l'ame de l'homme meurt avec le corps,
la condition des bêtes eſt de beaucoup
préférable à celle des hommes. Les plai-
ſirs des brutes, quoique uniquement ſen-
ſuels, ſont pourtant plus purs & plus
réels, puiſqu'ils ne ſont ni corrompus, ni
diminués, ni altérés par aucune réflexion :

elles s'abandonnent entiérement à ces plái-
firs ; & lorfqu'elles n'en jouiffent point,
il femble qu'elles en ayent moins befoin
que l'homme, parce qu'elles n'y penfent
pas. Leurs fouffrances ne font pas accom-
pagnées de réflexion. « Les bêtes, dit très-
» bien Sénéque, fuient le péril qu'elles
» voient ; lorfqu'elles l'ont fui, elles font
» tranquilles. » Les bêtes font exemptes
d'inquiétude, elles n'ont point de fouci
pour leur famille, ni pour leur poftérité ;
elles ne s'embarraffent pas des vaines recherches d'une fcience qui doit périr avec
elles : fans follicitude touchant la vie à
venir, fans efpérance qui doive être fruf-
trée : quelque coup fubit ou quelques mi-
nutes de douleur imprévue les font enfin
ceffer d'être, fans qu'elles ayent même
jamais fu qu'elles étoient mortelles.

Il paroît donc par toutes ces confidéra-
tions, que l'homme n'eft pas borné comme
les animaux à une économie phyfique ;
mais qu'il eft compris fous une économie
morale. En effet, libre & doué de raifon,
il trouve dans fon propre fond un principe libre, il a le pouvoir de fe déterminer à agir en conféquence des motifs moraux, qui lui font propres ; il a enfin une
règle fuivant laquelle il doit fe gouverner, & cette regle lui eft préfentée fans
ceffe par la droite raifon. Il peut donc

rendre compte de toutes ſes actions, & il faut néceſſairement qu'il en réponde. Chaque homme en effet, revêtu d'une volonté naturellement capable de choix, peut & doit conformer toutes ſes actions à quelque regle fixe, & rendre raiſon de ſa conduite. Toutes les actions morales étant libres, ſans contrainte & ſans néceſſité naturelle, procedent ou d'un bon ou d'un méchant motif : elles ſont conformes à la droite raiſon, ou n'y ſont pas conformes ; elles ſont dignes de louange ou de blâme, de récompenſe ou de punition. Or puiſqu'il y a un Etre ſuprême, à qui nous ſommes redevables de toutes nos facultés, & que dans le bon ou mauvais uſage que nous faiſons de ces facultés, conſiſte tout ce qu'il y a de bon ou de mauvais dans nos actions morales, nous avons toutes les raiſons du monde de ſuppoſer que les principes, les motifs & les circonſtances de ces actions ſeront ſoumiſes un jour à l'examen : que nous ſerons jugés ſuivant l'obſervation, ou la tranſgreſſion de la regle qui nous a été preſcrite ; & que de là dépendra le jugement que le ſouverain Juge du monde prononcera pour notre abſolution, ou pour notre condamnation. Sur ce fondement les plus éclairés d'entre les Païens ont cru & enſeigné qu'après la mort, les

actions de chaque homme paſſoient par un examen exact & ſévere, & qu'il ſeroit abſous ou condamné ſans injuſtice, ni partialité, ſelon qu'il aura fait bien ou mal dans ce monde. « Que perſonne, dit
» Platon, ne ſe flatte de pouvoir ſe ſouſ-
» traire à ce jugement. Car quand vous
» deſcendriez juſqu'au centre de la terre,
» ou que vous monteriez juſqu'au plus
» haut des cieux, vous ne ſauriez échap-
» per le juſte jugement des Dieux, ſoit
» pendant la vie, ſoit après la mort (*). »

Mais après avoir conſidéré l'homme en lui-même, remontons à Dieu, & nous y trouverons de nouvelles raiſons qui nous convaincront d'une vie à venir de récom-penſes & de peines.

Nous avons fait voir qu'il n'y a point dans ce monde de diſtinction ſuffiſante entre l'état de ceux qui pratiquent la ver-tu, ou qui ſe livrent au vice, point de récompenſe certaine attachée à la vertu, à proportion de ſon excellence, ni de peine infligée au vice qui réponde à ſon atro-cité ; & puiſqu'il eſt certain & indubita-ble que s'il y a un Dieu, ſi ce Dieu eſt un être infiniment bon & infiniment juſte, s'il fait attention à la conduite de chaque

---

(*) De Leg. Lib. X.

créature, s'il approuve ceux qui font fa volonté & qui imitent fa nature ; s'il défapprouve au contraire ceux qui prennent une route toute oppofée ; puis, dis-je, qu'il eft certain que, fi toutes ces chofes font vraies, il faut néceffairement que cet Être fuprême, pour maintenir l'honneur de fes lois & de fon gouvernement, donne enfin quelque jour des marques éclatantes de fon approbation ou de fon défaveu, & qu'il manifefte l'extrême différence qu'il met entre ceux qui obéiffent à fes lois, & ceux qui les foulent infolemment aux pieds. Qui eft-ce qui ne voit qu'il faut en venir, malgré qu'on en ait, à l'une ou à l'autre de ces conclufions ? Il faudra dire, ou que toutes les idées que nous nous faifons de Dieu font fauffes ; qu'il n'y a point de providence ; que Dieu ne voit point ce que font les créatures ; que s'il le voit, il ne s'en met nullement en peine, ce qui porte des coups mortels à fes attributs moraux, & ruine fon exiftence même. Ou il faudra conclure que de toute néceffité il doit y avoir après cette vie un état, où les récompenfes & les peines feront diftribuées à chacun felon fes œuvres, & où toutes les difficultés qu'on fait maintenant fur la providence, feront pleinement éclaircies par une difpenfation de la juftice qui fera égale

& impartiale. C'eſt donc une choſe direc‑
tement démontrée, qu'il doit y avoir un
état à venir de récompenſes & de peines.
Tout homme donc qui nie les récompen‑
ſes & les peines de la vie à venir, tombe
néceſſairement de conſéquence en conſé‑
quence dans le pur athéiſme.

De plus, ſi Dieu eſt un être parfait, il
ne peut, comme tel, faire quelque choſe
de contraire à la droite & à la parfaite
raiſon : il eſt donc impoſſible qu'il ſoit la
cauſe d'un être, ou de la condition d'un
être dont l'exiſtence répugneroit à cette
raiſon ; ou, ce qui revient au même, il
eſt impoſſible qu'il n'agiſſe pas raiſonna‑
blement avec les êtres qui dépendent de
ſa puiſſance. Si nous ſommes donc au
nombre de ces êtres, & ſi la mortalité de
notre ame répugne à la droite raiſon, c'eſt
aſſez pour devoir être convaincus qu'elle
eſt immortelle : nous pouvons en avoir
une certitude auſſi infaillible qu'il nous
ſoit poſſible d'acquérir par l'uſage de nos
facultés ; c'eſt-à-dire, qu'il n'y a rien dans
la nature dont nous puiſſions être plus aſſu‑
rés que nous devons l'être de cette vérité.
Or ce qui nous reſte à faire, c'eſt de voir
ſi la mortalité de l'ame eſt contraire ou
non à la droite raiſon.

Ce n'eſt point faire tort à un être, que
de le former dans un état de félicité ſolide,

véritable, exempte de peine : ce n'eſt pas non plus lui faire tort que de le créer dans un état de félicité mêlée, pourvu que ſon malheur ſoit infailliblement au-deſſous de ſon contraire, & que cet être ne ſouffre pas plus qu'il ne choiſiroit de ſouffrir pour obtenir la félicité unie à ſon malheur. Ce n'eſt pas enfin faire tort à un être que de le créer ſujet à plus de miſere que de bonheur, ſi cet être reçoit en même-temps le pouvoir d'éviter la miſere, ou d'en éviter du moins autant qu'il en faut pour empêcher que le total du malheur n'excede pas celui qu'on conſentiroit de ſouffrir plutôt que de perdre la portion de félicité attachée à ſes peines. Le ſeul cas où en créant un être on puiſſe lui faire du tort, ſeroit de le créer malheureux néceſſairement, ſans remede, ſans récompenſe, ou ſans mettre aucun contre-poids à ſa miſere ; & ce cas eſt dans le fond ſi choquant & ſi directement oppoſé à la raiſon, que cette ſeule penſée révolte un homme raiſonnable, qui fait uſage de ſes lumieres naturelles. Chacun peut entrer aſſez avant dans l'idée de la nature, de la raiſon & de la juſtice, pour avouer que ces propoſitions ſont des vérités inconteſtables.

Or celui qui fait l'ame mortelle doit avouer une de ces deux choſes : ou que
Dieu

Dieu est un être déraisonnable, injuste, cruel ; ou que l'homme dans cette vie peut trouver du remede & du contre-poids à sa misere & à son malheur. Avancer la premiere de ces propositions, seroit contredire une vérité des plus évidemment démontrées ; j'ajouterai encore que ce seroit entretenir une si indigne & si impie notion de l'Etre suprême, que personne ne voudroit l'entretenir sans être le dernier des hommes ; & que celui même qui défend cette opinion, sait certainement être fausse. Avouer la seconde proposition, ce seroit donner un démenti à l'histoire de l'homme & au sens intime. Qu'on en voie le détail dans les Auteurs suivans, Burlamaqui, *Principes du Droit Nat.* Tom. II. pag. 423. & suiv. Maupertuis, *Essai de Morale ;* Clarke, *L'existence de Dieu,* &c. Tom. II. Leland, *La nécessité de la Révélation,* &c.

- Concluons donc qu'il est absolument impossible que Dieu, qui est un être infini, sage, juste, bon, n'ait eu d'autre vue, & ne se soit proposé d'autre fin, lorsqu'il a créé des êtres doués de raison, tels que sont les hommes, qu'il les a revêtus de facultés si nobles & si excellentes, & leur a donné la connoissance de la distinction éternelle & immuable entre le bien & le mal ; il est, dis-je, impossible qu'en tout cela Dieu ne se soit proposé d'autre fin, que de conserver éternellement une succession d'êtres d'aussi courte durée, dans le triste état de corruption, de désordre & de calamité, qu'on trouve aujourd'hui dans le monde, où les regles éternelles du bien & du mal sont si mal observées ; où les différences nécessaires des choses ne produisent presqu'aucun effet sensible ; où la vertu & le vice ne sont pas suffisamment distingués par leurs fruits respectifs ; & où la gloire de Dieu & la majesté de ses lois sont si souvent foulées aux pieds, les gens de bien n'y recevant pas la récompense qui leur est due, ni les scélérats la punition qu'ils méritent. Mais qu'au lieu d'une succession éternelle de nouvelles générations, telles qu'elles sont aujourd'hui, il faut nécessairement qu'un jour les choses changent entiérement de face, & que les mêmes personnes qui existent aujourd'hui, existent aussi dans un autre état à venir, où les peines & les récompenses soient dispensées à chacun à proportion de la conduite qu'il a tenue ; où tous les désordres d'un monde présent soient réparés ; d'où toute partialité soit bannie ; & où les voies de la Providence, qui nous paroissent maintenant si embrouillées & si inexplicables, à cause que nous n'en connoissons qu'une très-petite

partie, soient mises enfin dans une pleine
évidence, & nous paroissent dignes d'un
être infiniment bon, juste & sage. Sans
cette vérité tout le reste devient entiérement inutile: & si vous ôtez les peines
& les récompenses d'un état à venir, vous
anéantissez la justice, la bonté, l'ordre,
la raison, & il ne restera pas un seul principe dans le monde qui puisse servir de
fondement à un argument dans les matieres de morale. Il faut lire sur cette matiere l'excellent ouvrage de M. Warburton
sur la *Mission divine de Moyse.*

Mais quand même il nous faudroit mettre à quartier les raisons prises de la considération des attributs moraux de la Divinité, pour ne faire attention qu'à ses
perfections naturelles, la vérité dont nous
parlons, ne laisseroit pas d'être évidente.
Pour en être convaincu, il n'y a qu'à
faire attention à la connoissance & à la
sagesse du Créateur qui éclatent d'une maniere si sensible dans la structure de l'univers. Car à qui persuadera-t-on que Dieu
ait créé des êtres aussi excellens que les
hommes, qu'il leur ait donné des facultés si éminentes, & qu'il les ait placés sur
le globe terrestre, avec des marques de
distinction si éclatantes, qu'il faudroit être
aveugle pour ne pas voir que cette partie inférieure de la création, tout au

moins, a été faite pour eux, & se rapporte à leur usage; à qui est-ce, dis-je,
que l'on persuadera que tout cela ait été
fait sans autre dessein que de perpétuer à
l'infini des êtres d'une durée si courte;
condamnés à passer le peu d'années qui
composent leur vie, dans un affreux désordre & une confusion étrange, & à tomber ensuite pour jamais dans le néant?
Non enim temeré nec fortuitò facti & creati
sumus : sed profectò fuit quædam vis, quæ ge-
neri humano consuleret, nec id gigneret aut
aleret, quod cùm exantlavisset omnes labo-
res, tum incideret in mortis malum sempiter-
num (a). Dans cette supposition que peut-
on imaginer de plus vain que la fabrique
du monde? Quoi de plus absurde & de
plus contraire aux regles de la sagesse que
la création du genre humain? *Si sine cau-*
sa gignimur : si in hominibus procreandis pro-
videntia nulla versatur : si casu nobismet-
ipsis, ac voluptatis nostræ gratiâ nascimur :
si nihil post mortem sumus, quid potest esse
tam supervacaneum, tam inane, tam vanum,
quàm humana res, quàm mundus ipse? (b)

    Mais pour mieux faire sentir la force
de nos raisonnemens, faisons la comparaison des deux systêmes, pour voir le-

-----

(a) Cic. Tuscul. I.
(b) Lactant. Lib. VIII.

quel eſt le plus conforme à l'ordre, le plus convenable à la nature & à l'état de l'homme; en un mot le plus raiſonnable & le plus digne de Dieu. Suppoſons d'un côté, que le Créateur s'eſt propoſé la perfection & la félicité de ſes créatures, & en particulier le bien de l'homme & celui de la ſociété. Que pour cet effet, ayant donné à l'homme l'intelligence & la liberté, l'ayant fait capable de connoître ſa deſtination, de découvrir & de ſuivre la route qui ſeule peut l'y conduire, il lui impoſe l'obligation rigoureuſe de marcher conſtamment dans cette route, & de ne jamais perdre de vue le flambeau de la raiſon, qui doit toujours éclairer ſes pas. Que pour le mieux guider, il a mis en lui tous les ſentimens & les principes néceſſaires pour lui ſervir de regle. Que cette direction & ces principes, venant d'un Supérieur puiſſant, ſage & bon, ont tous les caracteres d'une véritable loi. Que cette loi porte déjà avec elle, dans cette vie, ſa récompenſe & ſa punition; mais que cette premiere ſanction n'étant pas ſuffiſante, Dieu, pour donner à un plan ſi digne de ſa ſageſſe & de ſa bonté, toute ſa perfection, & pour fournir à l'homme dans tous les cas poſſibles les motifs & les ſecours néceſſaires, a encore établi une ſanction proprement dite des lois naturelles, qui fe manifeftera dans la vie à venir ; & qu'attentif à la conduite des hommes, il fe propofe de leur en faire rendre compte, de récompenfer la vertu & de punir le vice, par une rétribution exactement proportionnée au mérite ou au démérite de chacun.

Mettez en oppofition avec ce premier fyftême, celui qui fuppofe que tout eft borné par l'homme à la vie préfente, & qu'au-delà il n'y a rien à efpérer ni à craindre : que Dieu, après avoir créé l'homme & avoir inftitué la fociété, n'y prend aucun intérêt ; qu'après nous avoir donné par la raifon, le difcernement du bien & du mal, il ne fait aucune attention à l'ufage que nous en faifons ; mais nous abandonne tellement à nous-mêmes, que nous demeurons abfolument les maîtres d'agir felon notre volonté ; que nous n'aurons aucun compte à rendre à notre Créateur ; & que malgré la diftribution inégale & irréguliere des biens & des maux dans cette vie, malgré tous les défordres caufés par la malice ou l'injuftice des hommes, nous n'avons à attendre de la part de Dieu aucun redreffement, aucune compenfation.

Peut-on dire que ce dernier fyftême foit comparable au premier ? Met-il dans un auffi grand jour les perfections de Dieu ?

Est-il également digne de sa sagesse, de sa bonté, & de sa justice ? Est - il aussi propre à réprimer le vice, & à soutenir la vertu dans les conjonctures délicates & dangereuses ? Rend - il l'édifice de la société aussi solide, & donne-t-il aux lois naturelles une autorité telle que la demande la gloire du souverain Législateur & le bien de l'humanité ? Si l'on avoit à choisir entre deux sociétés dont l'une admettroit le premier système, tandis que l'autre ne connoîtroit que le second, où est l'homme sage qui ne préférât hautement de vivre dans la premiere de ces sociétés ? Il n'y a certainement aucune comparaison à faire entre ces deux systèmes, pour la beauté & la convenance : le premier est l'ouvrage de la raison la plus parfaite ; le second est défectueux & laisse subsister bien des désordres. Or cela seul indique assez de quel côté est la vérité, puisqu'il s'agit ici de juger & de raisonner des desseins & des œuvres de Dieu, qui fait tout avec la plus haute sagesse.

Mais après tout, veut-on encore ranger la connoissance d'un état à venir parmi les connoissances probables, & même douteuses ? Il sera toujours raisonnable dans cette incertitude même d'agir comme si l'affirmative l'emportoit. Car c'est manifestement le parti le plus sûr, c'est-à-dire,

celui où il y a le moins à rifquer & à
perdre & le plus à gagner à tout événement. Mettons la vie à venir dans le doute.
S'il y a un état à venir, non-feulement
c'eft une erreur de ne le pas croire; mais
c'eft un égarement funefte d'agir comme
s'il n'y en avoit point; une telle erreur
entraîne après foi des fuites pernicieufes:
au lieu que s'il n'y en a point, l'erreur de
le croire ne produit en général que de
bons effets; elle n'eft fujette à aucun inconvénient pour l'avenir, & ne nous ex-
pofe pas pour l'ordinaire à de grandes
incommodités pour le préfent. Ainfi, quoi
qu'il en puiffe être, & dans le cas même
le moins favorable aux lois naturelles, un
homme fage n'héfitera point entre le parti
d'obferver ces lois & celui de les violer.
La vertu l'emportera toujours fur le vice.
Voyez fur cet argument, Locke, *Effai fur
l'Entendement humain,* Liv. II. ch. XXI.
§. 70.

Mais fi ce parti eft déjà le plus prudent
dans la fuppofition même du doute, &
d'une entiere incertitude, combien plus
le fera-t-il, fi l'on reconnoît, comme on
ne peut s'empêcher de le faire, que cette
opinion eft au moins plus probable que
l'autre? Un premier degré de vraifemblance, une fimple probabilité, bien que
légere, devient un motif raifonnable d'

détermination, pour un homme qui calcule & qui réfléchit. Et s'il eſt de la prudence de ſe conduire par ce principe dans les affaires ordinaires de la vie, la même prudence nous permet-elle de nous écarter de cette route dans des choſes plus importantes & qui intéreſſent eſſentiellement notre félicité?

Mais enfin, ſi, allant un peu plus loin, & ramenant la choſe à ſon vrai point, l'on convient que nous avons ici en effet, ſinon une démonſtration proprement dite, la theſe n'en étant pas ſuſceptible, au moins une vraiſemblance fondée ſur tant de préſomptions raiſonnables & ſur une convenance ſi grande, qu'elle approche fort de la certitude; il eſt encore plus manifeſte que, dans cet état des choſes, nous devons agir ſur ce pied-là, & qu'il ne nous eſt pas raiſonnablement permis de nous faire une autre regle de conduite.

Rien n'eſt plus digne, il eſt vrai, d'un être raiſonnable, que de chercher en tout l'évidence, & de ne ſe déterminer que ſur des principes clairs & certains. Mais comme tous les ſujets n'en ſont pas ſuſceptibles, & qu'il faut pourtant ſe déterminer, où en ſeroit-on, s'il falloit toujours attendre pour cela une démonſtration rigoureuſe? Au défaut du plus haut degré de certitude, on s'arrête à celui qui

eſt au-deſſous ; & une grande vraiſemblance devient une raiſon ſuffiſante d'agir,
quand il n'y en a point d'auſſi grande à
lui oppoſer. Si ce parti n'eſt pas en lui-
même évidemment certain, c'eſt au moins
une regle évidente & certaine, que dans
l'état des choſes, on doit le préférer : &
cela eſt une ſuite néceſſaire de notre nature & de notre état. N'ayant que des
lumieres bornées, & étant pourtant dans
la néceſſité de nous déterminer & d'agir ;
s'il étoit néceſſaire pour cela d'avoir une
certitude entiere, & qu'on ne voulût pas
prendre la probabilité pour principe de
détermination : il faudroit ou ſe déterminer pour le parti le moins probable &
contre la vraiſemblance, ce que perſonne
n'oſera ſoutenir : ou bien il faudroit paſſer
ſa vie dans le doute, flotter ſans ceſſe
dans l'irréſolution, demeurer preſque
toujours en ſuſpens, ſans agir, ſans prendre
aucun parti, & ſans avoir aucune regle
fixe de conduite : ce qui ſeroit le renver-
ſement total du ſyſtême de l'humanité.

De là vient que cette grande vérité a
été reçue plus ou moins de tout temps &
chez toutes les nations, ſelon que la raiſon a été plus ou moins cultivée, ou que
les peuples touchoient de plus près à l'origine des choſes. Nous avons donné les
traces de cette conſtante tradition dans

notre édition de Burlamaqui, Tom. II.
pag. 473. & suiv. On y voit que les
mêmes raisons qui nous frappent, ont
également frappé les plus sages d'entre les
Païens. Voyez l'excellent ouvrage de M.
Leland, *Néceſſité de la Révélation*, traduit
de l'Anglois, à Liege.

LEÇON XIII.

Etat de l'homme par rapport à Dieu. Religion naturelle.

APrès avoir traité de la Nature de
l'homme, du Droit en général, de
la Loi naturelle & de ſes fondemens, il eſt
néceſſaire à préſent d'entrer dans quelque
détail & d'examiner plus particuliérement
les devoirs & les droits qui en réſultent.
Nous commencerons par examiner l'état
de l'homme par rapport à Dieu, ce qui
nous donnera lieu d'indiquer les principes
généraux de la Religion naturelle, en nous
réſervant de les développer plus en détail
dans nos Leçons de *Théologie naturelle.*

L'homme, en tant que créature de
Dieu, eſt dans une dépendance abſolue &
néceſſaire de la divinité, & la volonté de
cet être ſouverain doit être la regle de

toutes ſes actions; c'eſt pourquoi l'ordre naturel veut que l'on commence par examiner les devoirs de l'homme par rapport à Dieu: d'où il paroît que la religion fait une partie eſſentielle du droit naturel; & par conſéquent qu'elle n'en doit pas être bannie. Il eſt même impoſſible de bien établir les principes de la ſociété, ou de la politique, ſans ſuppoſer d'abord ceux de la religion.

La religion eſt le ſyſtème, l'aſſemblage des ſentimens & des devoirs que Dieu impoſe aux hommes par rapport à lui, pour ſa gloire & pour leur bonheur, ſoutenu de l'eſpérance des récompenſes & de la crainte des peines dans la vie à venir. Il y a deux ſortes de religion; la religion naturelle & la religion révélée, ſelon que les hommes peuvent la connoître par les ſeules lumieres de la raiſon, ou qu'ils ont beſoin d'une révélation particuliere.

L'homme en faiſant uſage de ſa raiſon, & ſans le ſecours d'une révélation particuliere, peut parvenir à la connoiſſance de Dieu & des devoirs qui lui ſont dûs. En effet, pour peu que l'homme réfléchiſſe ſur lui-même, il reconnoît bientôt qu'il n'eſt pas l'auteur de ſon exiſtence; mais qu'il en eſt redevable à la main toute-puiſſante de Dieu; que c'eſt de ce premier être qu'il tient la vie & la raiſon &

tous les avantages qui en font les fuites ; que cet être exiftant par lui-même, tout-puiffant, tout bon, tout fage & fouverainement jufte, la raifon veut qu'il le refpecte, qu'il l'aime, qu'il le craigne, & qu'il fe foumette à fa volonté en toutes chofes.

Il faut donc conclure, que d'un côté la nature de Dieu & fes perfections ; & de l'autre l'état naturel de l'homme, & la dépendance néceffaire où il eft de cet être fouverain, établiffent parfaitement le droit de Dieu fur les hommes, & les fondemens de la religion.

Nous remarquerons encore, que le devoirs de l'homme par rapport à Dieu, font d'une obligation fi rigoureufe, qu'à proprement parler, & dans quelque circonftance que l'homme fe trouve, ils ne fauroient fouffrir aucune exception, puifque les relations qu'il y a de l'homme à Dieu, & qui en font le fondement, font toujours les mêmes.

Par l'idée que nous venons de donner de la religion, il paroît qu'elle renferme deux parties effentielles ; favoir la connoiffance de Dieu, ou la théorie, & le culte qui lui eft dû, ou la pratique.

La théorie de la religion peut fe réduire à cinq vérités fondamentales ; favoir 1°. Qu'il y a un Dieu. 2°. Qu'il eft Créateur de l'univers. 3°. Qu'il le conduit & le gouverne par une sage providence. 4°. Qu'il n'y a qu'un Dieu. 5°. Que ce Dieu est un être souverainement parfait.

Pour ce qui est de l'existence de Dieu, cette vérité se présente à nous par tant d'endroits, & les preuves que la raison nous en donne sont si convaincantes, que l'homme le plus stupide ne sauroit refuser son assentiment à cette vérité, & que l'Athéisme mérite d'être regardé comme la plus grande extravagance de l'esprit humain. Nous en donnerons la démonstration dans nos Leçons de *Théologie naturelle*.

Ensuite la raison nous apprend que ce Dieu est le *Créateur de l'Univers*. Car la raison nous faisant voir clairement que tous les êtres dont tout le monde est composé, n'existant pas par eux-mêmes, il faut de toute nécessité qu'ils ayent eu une première cause : & c'est cette première cause que nous appellons Dieu. Voyez cet argument dans Clarke, sur l'existence de Dieu. Nous en ferons sentir la force dans nos Leçons d'Ontologie.

D'où il suit que ceux-là se trompent qui parlent incessamment de la nature, comme de la première cause de toutes les choses qui existent, & de tous les effets que nous admirons. Car, si par ce mot on entend cette activité interne qu'on remarque dans

chaque chofe, bien loin qu'elle puiffe au-
torifer à nier qu'il y ait un Dieu, elle doit
néceffairement nous mener à le connoître,
comme celui de qui elle émane. Que fi
par la nature, on entend la premiere caufe
de toutes chofes, c'eft une affectation
profane que de ne pas vouloir employer
ici le terme clair & connu, par lequel on
défigne ordinairement l'être fouverain. Il
faut auffi mettre dans le nombre des idées
fauffes relativement à la divinité, que de
s'imaginer que Dieu eft quelqu'une des
chofes qui tombent fous nos fens, ou que
Dieu eft l'ame de l'univers.

Après cela nous devons être perfuadés
qu'il y a une providence. On entend par
la providence un acte de Dieu par lequel
il conferve, il conduit & gouverne cet
univers, & prend un foin particulier du
genre humain. En effet, fi Dieu ne s'in-
téreffoit pas à ce qui nous regarde, toute
religion & toute crainte de Dieu feroient
des chofes vaines & chimériques.

La quatrieme vérité de la religion naturelle, c'eft qu'il n'y a qu'un feul Dieu.
C'eft ce que l'on prouve, 1°. parce qu'il
n'y a aucune raifon qui nous porte à croire
qu'il y en ait plufieurs, & qu'au contraire
on remarque dans tout l'univers une uni-
formité de deffein, qui marque évidemment qu'il n'y a qu'une feule & même

volonté qui fait mouvoir & qui dirige tous ces ressorts différens. 2°. parce que l'idée de plusieurs Dieux renferme une contradiction manifeste. Car deux êtres tout-puissans sont incompatibles : on seroit obligé de supposer que l'un doit vouloir nécessairement ce que l'autre veut ; & par conséquent que la volonté de l'un des deux est nécessairement déterminée par la volonté de l'autre, ce qui détruiroit sa liberté. Il seroit aussi privé d'une perfection ; car il est mieux d'être libre, que d'être soumis à la détermination de la volonté d'autrui. S'ils n'étoient pas réduits à la nécessité de vouloir toujours la même chose, l'un pourroit vouloir faire, ce que l'autre ne voudroit pas qu'il fût fait : auquel cas la volonté de l'un prévaudroit sur la volonté de l'autre ; & ainsi celui des deux dont la puissance ne pourroit pas seconder la volonté, ne seroit pas tout-puissant ; car il ne pourroit pas faire autant que l'autre. Donc l'un des deux n'est pas tout-puissant. Donc il n'y a, ni ne sauroit y avoir deux êtres tout-puissans, ni par conséquent deux Dieux.

Enfin, la raison nous apprend encore que Dieu est un être souverainement parfait. Car puisque Dieu est la premiere cause de toutes choses ; on ne sauroit supposer sans absurdité, qu'il lui manque aucune des perfections, dont nous qui sommes ses créatures, pouvons nous former quelque idée. Ainsi il ne faut rien attribuer à Dieu qui emporte quelque chose de fini, ou quelque détermination de quantité. De même il seroit absurde de croire que l'être suprême puisse être pleinement & distinctement compris ou conçu par notre imagination, ou par quelque autre faculté de notre ame; puisque tout ce qu'un être fini & borné peut concevoir pleinement & distinctement, est fini & borné.

Il y a deux erreurs principales contre la religion; savoir, l'*athéïsme* & la *superstition*. L'athéïsme est une disposition maligne & perverse de l'esprit, par laquelle, sans faire attention au mouvement de la conscience, l'on en étouffe les inspirations & les remords, & l'on tâche de se persuader qu'il n'y a point de Dieu : ou l'athéïsme est une disposition déréglée du cœur qui nous fait approuver & soutenir opiniâtrement certaines opinions, desquelles il suit par une conséquence naturelle & nécessaire, que l'on ne peut ignorer qu'il n'y a point de Dieu. Voyez *Buddens de l'Athéïsme & de la Superstition.* Burlamaqui, Tom. III. pag. 35. & suiv.

Si l'on entend par le *Naturalisme* le *Panthéïsme,* il ne differe pas au fond de l'Athéisme, & il en est une espece. Que si l'on entend par le naturalisme le sentiment de ceux qui prétendent que les lumieres de la raison, sans le secours de la révélation, suffisent pour être sauvé, à proprement parler, il differe de l'Athéisme, de telle sorte néanmoins qu'il peut facilement y dégénérer.

L'*Indifférentisme* universel pour toutes les religions, qui n'en adopte aucune en particulier, & qui les regarde également toutes comme indifférentes, n'est pas fort différent de l'Athéisme ; puisqu'il est impossible de croire un Dieu & de rejeter tous les cultes qu'on lui rend, ou de les croire absolument égaux & indifférens.

Il faut dire la même chose du *Septicisme* : car s'il est universel & sans exception, il révoquera aussi en doute l'existence d'un Dieu ; puisque nier ou douter de l'existence d'un Dieu, c'est la même chose. Et non-obstant la différence qui semble se trouver d'abord entre l'*Enthousiasme* & l'Athéisme, il n'est pas néanmoins impossible que le *Fanatisme* ne se tourne en Athéisme, lorsque par une apothéose sacrilege, il transforme les choses en divinité. Car soit que l'on transforme les créatures en Dieu ou qu'on transforme Dieu en créature, comme fait Spinosa, cela revient à la même chose.

Le *Politicisme* ou le *Machiavellisme* ap‑
proche beaucoup de l'Athéisme. On ne
sauroit croire l'existence de Dieu, &
croire en même temps, que la religion
ne s'accorde point avec les intérèts de la
république ; & qu'on ne doit faire cas de la
religion qu'autant qu'elle nous est utile.

Les hommes, ayant pour la plupart,
bien de la peine à demeurer dans le che‑
min de la vérité & de tenir le milieu entre
les extrêmes, ils tombent aussi dans le
même inconvénient sur l'article de la re‑
ligion ; en voulant éviter l'Athéisme, ils
tombent quelquefois dans la superstition
qui est le vice opposé. Ils croient à la
vérité l'existence de Dieu, mais ils ne
l'adorent pas comme il convient. De là
naît la *Superstition*, qui n'est autre chose
qu'un déréglement du culte qui est dû à la
divinité. L'on peut juger par là, quelle
différence il y a entre la véritable religion
& la superstition. La véritable religion,
ou la piété honore le vrai Dieu comme il
le commande & comme il lui convient ;
& la superstition associe au culte du vrai
Dieu des créatures, ou honore le vrai
Dieu d'une maniere illégitime & non
convenable. Celle-là se regle sur la nature
de Dieu, sur les préceptes qu'il a donnés
& sur la vérité certaine & immuable :
celle-ci consulte sa fantaisie, des fictions

& des fables ridicules; ainsi ceux qui ne mettent point de différence entre la religion & la superstition, se trompent fort lourdement.

Quand l'homme fait attention aux perfections infinies de Dieu, il n'est pas possible qu'elles n'excitent en lui des sentimens de vénération, d'amour & de crainte, & qu'il ne soit actuellement disposé à témoigner par toutes ses actions ces sentimens intérieurs. C'est là l'origine du *culte de Dieu*. Ce culte de Dieu est donc l'assemblage des sentimens intérieurs de l'ame, que les perfections de Dieu produisent dans notre esprit, & de tous les actes extérieurs qui en sont une suite, & par lesquels nous témoignons ces sentimens.

Il y a donc un culte *intérieur* & un culte *extérieur*. Le culte intérieur consiste principalement dans l'adoration, dans l'amour, dans la crainte de Dieu, & dans une disposition actuelle à lui obéir en toutes choses, comme à notre Créateur & à notre Maître tout-puissant & tout-bon. L'adoration n'est autre chose que ce souverain respect dont l'homme est pénétré, en conséquence de la nature & des perfections de Dieu, & en considération de sa propre foiblesse, & de la dépendance absolue où il est de ce premier être.

Pour l'amour & la crainte, ils font produits dans le cœur de l'homme par la confidération de l'infinie bonté de Dieu, de fa fouveraine puiffance & de fa juftice. Lorfque ces fentimens font gravés dans le cœur de l'homme, ils produifent néceffairement un entier dévouement à la volonté de Dieu, & une difpofition à lui obéir en toutes chofes. Le culte intérieur s'appelle auffi *piété*.

Pour le culte extérieur, il confifte dans toutes les actions extérieures, par lefquelles nous rendons à Dieu les hommages qui lui font dûs, & qui en même temps font connoître aux autres hommes les fentimens de piété & de refpect que nous avons pour lui. La néceffité du culte extérieur eft de droit naturel. On peut en voir les raifons dans ce que nous avons ajouté à BURLAMAQUI, *Droit naturel,* Tom. III. pag. 23. & fuiv.

Voici donc les principaux devoirs auxquels l'homme eft tenu à cet égard. 1°. Pénétré des faveurs dont Dieu le comble, il doit lui en rendre fréquemment des actions de graces par des actes extérieurs. 2°. Régler autant qu'il le peut, toutes fes actions fur la volonté, c'eft-à-dire, lui obéir actuellement & fans réferve. 3°. Célébrer fa grandeur infinie. 4°. Lui adreffer des prieres : la priere eft comme l'ame de la Religion. 5°. Lorsqu'on est réduit à la nécessité de faire serment, il n'est permis de jurer que par le nom de Dieu : il faut dire exactement la vérité, & tenir religieusement ses promesses. 6°. On ne doit parler de Dieu qu'avec la derniere circonspection & avec le plus profond respect, afin de reconnoître sa puissance. 7°. Tout ce que l'on fait pour honorer Dieu, doit être excellent en son genre, afin de témoigner aussi fortement qu'il est possible les sentimens d'adoration dont on est pénétré pour cette Majesté suprême. 8°. Il faut la servir & l'honorer non-seulement en particulier, mais encore en public & à la vue de tout le monde, autant qu'on le peut; sans exposer la majesté divine aux railleries ou aux insultes des profanes, & sans s'attirer à soi-même quelque mal fâcheux; bien entendu, qu'il n'est permis de s'abstenir que de certaines actions extérieures, dont l'omission n'emporte aucune marque de mépris. Car c'est avoir honte d'une chose, que de ne vouloir la faire qu'en cachette. Au lieu que le culte qu'on rend en public, marque non-seulement l'ardeur de notre zele; mais sert encore d'exemple aux autres pour les porter à entrer dans les mêmes sentimens.

LEÇON XIV.

La liberté de conscience : l'influence de la Religion sur le bonheur de la société.

POint de devoir sans droit aux moyens pour s'en acquitter. Les devoirs auxquels la Religion nous oblige, nous assurent le droit à une Religion. Mais comme chacun est responsable des devoirs qu'elle lui impose ; chacun est aussi en droit de choisir celle qu'il juge être la véritable, & la plus propre à lui procurer la protection & la bienveillance de Dieu. Enfin, comme tout droit demande d'être respecté, tous les hommes sont dans une obligation indispensable de respecter celui que chacun a de choisir une religion, & de ne lui donner aucune atteinte. Car, puisque la loi naturelle assure à l'homme l'exercice de sa liberté dans toutes les choses qui sont essentielles à son bonheur, pourvu que d'ailleurs il ne fasse aucun tort à autrui ; pourquoi l'homme n'auroit-il pas à l'égard de la Religion, le plus grand bien qu'il possède, le même droit, la même prérogative, que par rapport à toutes les autres choses qui sont nécessaires à son bonheur ?

D'ailleurs l'effence de la Religion confifte dans les jugemens que notre efprit forme de Dieu, & dans les fentimens de refpect & d'amour que nous avons pour lui. Le but enfin de la Religion, c'eft de nous rendre la divinité propice & favorable. Or il eft certain que la Religion ne fauroit produire cet avantage, qu'autant que les fentimens que nous en avons font réels & finceres. C'eft donc fur l'évidence des raifons & fur les fentimens de la confcience que la religion de chaque particulier doit être fondée ; & les feuls moyens que l'on puiffe employer pour cela, font l'examen, les raifons, les preuves, la perfuafion. Au contraire les menaces, la force, la violence, les fupplices, font des moyens également inutiles & injuftes : inutiles, parce qu'ils ne fauroient produire une perfuafion réelle & fincere ; injuftes, parce qu'ils font directement contraires au droit naturel de l'homme. Voyez Burlamaqui, Tom. III. pag. 44. & fuiv.

L'objection la plus fpécieufe qu'on ait faite contre des principes fi évidens, c'eft que la contrainte de la confcience d'autrui femble fuivre de ce principe, que ceux qui croient plaire à Dieu en perfécutant, peuvent & doivent le faire. Mais on ne s'apperçoit pas qu'il y a une contradiction

tradiction manifeste à prétendre persécu-
ter par un motif de conscience : car c'eſt
renfermer dans l'étendue d'un droit une
choſe qui par elle-même détruit le fondement de ce droit. En effet, dans cette
ſuppoſition on ſeroit autoriſé à forcer les
conſciences, en vertu du droit qu'on a
d'agir ſelon ſa conſcience. Il faut donc
ſuivre toujours ſa conſcience, mais avec
cette exception : *Hors le cas où il s'agiroit
de faire violence à la conſcience d'autrui.*

Mais il faut faire une exception en faveur des deux articles fondamentaux de
toute Religion ; ſavoir, l'exiſtence d'une
divinité, & ſa providence. C'eſt pourquoi
dans les Etats bien policés, on punit ceux
qui les premiers entreprennent de détruire
ces idées, comme il arriva autrefois à Dia-
goras de Melos ; & on en uſa de même à
l'égard des Epicuriens, qui furent chaſſés
des villes bien réglées. Je ne doute pas
non plus qu'on ne puiſſe réprimer de telles
gens, au nom de la ſociété humaine,
contre laquelle ils pechent ſans aucune
raiſon. Voici comment parle un ancien
Rhéteur dans un feint plaidoyer contre
Epicure. « Mais, me direz-vous, vous
» voulez donc me faire punir de ce que
» j'ai une certaine opinion ? Non, ce
» n'eſt pas pour votre ſentiment que je
» veux vous faire punir, mais pour votre

» impiété. » *Il eſt permis de propoſer ſes ſentimens, mais il n'eſt pas permis d'être impie* (*). Voyez Burlamaqui, Tom. III, chap. II.

Mais un des plus grands avantages de la Religion dans cette vie, c'eſt la grande influence qu'elle a ſur le bonheur de la ſociété civile, en étant le principal fondement & le plus ſolide appui. Car d'abord, l'état de ſociété dans lequel les hommes vivent, ne ſauroit faire leur bonheur, à moins qu'ils ne ſuivent conſtamment dans leur conduite les regles que la droite raiſon leur préſente. D'où il ſuit que tous les motifs qui peuvent porter efficacement les hommes à obſerver les lois naturelles, ont par cela même une grande influence ſur le bonheur de la ſociété. Or entre tous ces motifs, il n'y en a point de plus puiſſant que celui qui eſt tiré de la crainte de Dieu, & de la dépendance où nous ſommes de lui. Donc la Religion a une grande influence ſur le bonheur de la ſociété. De tout temps ce motif a eu beaucoup de pouvoir ſur l'eſprit des hommes ; & dans les ténebres même les plus épaiſſes du Paganiſme, il a été la ſource de la probité d'une infinité de gens ; les Légiſlateurs ont été ſi

____

(*) Himerius Action. in Epic. Phot. Bibl. Cod. 243. pag. 1083.

bien perfuadés de l'influence de ce puiffant motif fur les bonnes mœurs, qu'ils
ont tous mis à la tête des lois qu'ils ont
faites, les dogmes de la providence &
d'un état futur.

D'ailleurs, les maximes de vertu que
la raifon nous préfente, confidérées en
elles - mêmes, peuvent bien à la vérité
faire quelque impreffion fur notre efprit ;
mais jufques-là ce ne font que de fimples
confeils. Mais fi nous ajoutons à cela,
que Dieu nous impofe l'obligation de
pratiquer ces maximes, fous la menace
ou l'efpérance de peines ou de récompenfes confidérables, il eft inconteftable
que, devenant ainfi de véritables lois,
elles acquerront par là un beaucoup plus
haut degré de force, & qu'elles feront
obfervées avec beaucoup plus d'exactitude. Car c'eft par là uniquement que ces
maximes acquerent force de lois. L'idée
de morale renferme celle d'obligation,
l'idée d'obligation celle de loi, l'idée de
loi celle de Légiflateur, & l'idée de Légiflateur celle de Remunérateur ou de
vengeur : c'en eft la fanction. Il eft donc
évident qu'une fociété d'hommes, qui
n'auroient point de religion, s'abandon-
neroient beaucoup plus aifément à tout
ce qui pourroit flatter leurs paffions,
qu'une fociété de gens qui auroient pour

Dieu les fentimens de crainte & de refpect que la Religion infpire.

En troifieme lieu, l'on peut démontrer
que la Religion eft d'une grande efficace
pour le bonheur de l'homme & de la fociété, parce qu'elle eft une fuite néceffaire de l'état de l'homme par rapport à
Dieu, & qu'il eft impoffible que les hommes puiffent fe procurer un bonheur folide & durable, à moins qu'ils n'agiffent
conformément à leur état. Certainement
ce feroit une chofe étrange, de fuppofer
d'un côté, qu'il y a une Divinité qui a
donné les lois aux hommes, qui feules
peuvent faire le bonheur de la fociété :
& que néanmoins la Religion, c'eft-à-
dire, le refpect & la crainte de Dieu,
n'eft point effentiellement néceffaire au
bonheur du genre humain.

Une autre raifon qui confirme les pré-
cédentes, c'eft le confentement de tous
les peuples là-deffus, & en particulier le
fentiment des Légiflateurs les plus fages,
qui ont toujours penfé que pour donner
à leurs lois toute la force qui leur étoit
néceffaire, ils devoient les appuyer fur
la Religion, fur le culte de quelque divinité. « Les peuples avant tout, difoit le
» Philofophe Romain dans le préambule
» des lois, doivent être fermement per-
» fuadés de la puiffance & du gouverne-

» ment des Dieux, qui font les Souve-
» rains & les maîtres de l'univers; que
» tout eſt dirigé par leur pouvoir, leur
» volonté & leur ſageſſe, & que le genre
» humain leur a des obligations infinies.
» Ils doivent être perſuadés que les Dieux
» connoiſſent l'intérieur de chacun, ce
» qu'il fait, ce qu'il penſe, avec quels
» ſentimens, avec quelle piété il remplit
» les actes de religion; & qu'ils diſtin-
» guent l'homme de bien d'avec le mé-
» chant. Si l'eſprit eſt bien imbu de ces
» idées, il ne s'écartera jamais du vrai
» ni de l'utile. L'on ne ſauroit nier le
» bien qui réſulte de ces opinions, ſi l'on
» fait réflexion à la ſtabilité que les ſer-
» mens mettent dans les affaires de la
» vie, & aux effets ſalutaires qui réſul-
» tent de la nature ſacrée des traités &
» des alliances. Combien de perſonnes
» ont été détournées du crime, par la
» crainte des châtimens divins? Et com-
» bien pure & ſaine doit être la vertu
» qui regne dans une ſociété, où les
» Dieux immortels interviennent eux-
» mêmes comme juges & témoins? »

Lorſque nous parlons de l'efficace de
la Religion pour le bonheur de la ſociété,
nous ſuppoſons que la Religion eſt telle
qu'elle peut & qu'elle doit être, c'eſt-à-
dire, qu'elle eſt digne de Dieu, conforme

à la nature de l'homme; & qu'en particulier elle ne renferme aucun principe anti-sociable, & enfin qu'elle établit une vie à venir, des peines & des récompenses. Si l'on se forgeoit, par exemple, une divinité indulgente, qui autoriseroit le crime, soit par son exemple, ou de quelqu'autre maniere, une telle Religion, bien loin d'affermir la société, tendroit à la détruire de fond en comble.

On peut dire cependant que, quand même la Religion seroit défigurée par quelques superstitions & quelques erreurs, si néanmoins elle en conserve les grandes vérités, elle sera toujours d'un grand usage. Car nous considérons ici la Religion simplement comme l'appui de la société civile : or les dogmes de la Religion civile, s'il est permis de s'exprimer ainsi, doivent être simples, en petit nombre, énoncés avec précision, sans explication ni commentaire. L'existence de la divinité puissante, intelligente, bienfaisante, prévoyante & pourvoyante, la moralité des actions, la vie à venir, le bonheur des justes, le châtiment des méchans, la sainteté du contrat social & des lois : voilà les maximes essentielles & générales de cette Religion. Tout citoyen qui les admet, doit à l'abri des lois jouir de tous les priviléges de ses semblables. Mais si à ces principes on ajoutoit des dogmes ou des opinions qui ébranleroient ces maximes, l'affemblage de ces dogmes formeroit une Religion qui, loin d'affermir la fociété civile, ne viferoit qu'à la détruire.

Ce que je viens de dire fur l'importance de la Religion, pour le bonheur de la fociété humaine, trouve fon application dans la fociété civile, auffi bien que dans la fociété naturelle. Quelque confidérables que foient les avantages qui reviennent à l'homme de l'établiffement de la fociété civile, du gouvernement, & de la fouveraineté, il eft pourtant vrai que ces établiffemens ne pourvoient pas à tout, & qu'ils ont befoin du fecours de la Religion.

En effet, les peines temporelles, les promeffes les plus folennelles, le point d'honneur lui-même, feroient de foibles barrieres pour retenir dans le devoir un homme qui n'auroit point de religion, & qui fe feroit mis une fois au-deffus des craintes de la mort. Car la mort étant la chofe du monde la plus à redouter pour ceux qui ne craignent point Dieu, on éprouveroit alors la vérité de cette maxime : *Quiconque fait mourir, ne fauroit être forcé* (*).

(*) Senec. Hercul. Jur, ꝟ, 425.

I iv

D'ailleurs, quels heureux effets ne produira pas encore la piété dans le Souverain à l'égard des sujets? sur-tout si c'est une piété solide & éclairée. Dans le haut degré d'élévation & de puissance où se trouvent les Souverains, y a-t-il un motif plus efficace pour les porter à gouverner avec justice & avec modération, que celui de la religion & de la crainte de Dieu? Anéantissez au contraire tout principe de religion & de conscience dans les Souverains, ils ne proposeront plus que de satisfaire leurs passions & leurs intérêts particuliers, auxquels ils sacrifieroient sans peine le bien de leurs sujets.

D'un autre côté, il est bien manifeste que si les sujets eux-mêmes sont portés à obéir aux lois, & à respecter leur Souverain par principe de conscience & de religion, le bien public sera beaucoup plus assuré, que s'ils n'étoient poussés à cela que par le seul motif des récompenses & des peines de cette vie.

Tous les hommes donc sont extrêmement intéressés à entretenir & à perfectionner parmi eux ces sentimens de religion, & à fermer à l'irréligion & à l'impiété toutes les voies par lesquelles elles pourroient se glisser dans le monde; & il n'y a rien de plus extravagant que la conduite de ceux qui, pour se faire re-

garder comme de grands politiques, affectent du penchant pour l'impiété. Voyez
Burlamaqui, chap. III. Tom. III.

LEÇON XV.

Des devoirs de l'homme par rapport à lui-même.

Comme la Religion est le fondement
de nos devoirs envers Dieu; ainsi
l'amour · de nous - mêmes est la source
d'où découlent les devoirs qui concernent
l'homme lui-même. (Leçon VIII.) La
premiere conséquence qui en dérive , c'est
que l'homme doit travailler à sa conservation, & éviter au contraire ce qui peut
y être opposé. Ce devoir est sans doute
le premier en ordre ; car ce seroit fort
inutilement qu'on lui prescriroit d'autres
devoirs , s'il n'avoit pas préalablement
pourvu à sa conservation. Ce même devoir découle directement & précisément
de l'idée que nous avons de Dieu, qui,
comme auteur de la loi naturelle, a droit
d'exiger l'observation de ce devoir, &
d'en punir la violation. Ainsi l'homme
doit se conserver, parce qu'il est servi-
teur de Dieu, & membre de la société

humaine, à laquelle Dieu veut que chacun tâche de se rendre utile. Et s'il manque à cette double obligation, il peut en être puni par le Législateur suprême, avec autant de justice, qu'un domestique est châtié par son maître, & un citoyen par son Souverain, lorsqu'ils se mettent hors d'état de vaquer au travail & aux emplois dont ils sont chargés.

Il faut donc entretenir & augmenter autant qu'il est possible les forces naturelles du corps, par des alimens & des exercices convenables; & ne pas les ruiner par les excès du manger & du boire, par des travaux trop pénibles & hors de raison, ou par quelque autre sorte d'intempérance. « Ce qui soutient le corps, » soutient aussi l'ame, » suivant l'expression de Pline (*); & quand le corps est mal disposé, l'ame qui en dépend nécessairement dans toutes ses opérations pendant qu'elle lui est unie, ne sauroit rien produire d'excellent. On dit que le Roi Pyrrhus en offrant tous les jours quelque sacrifice aux Dieux, ne leur demandoit autre chose que la santé, comme l'enfermant, à son avis, tous les autres biens.

____

(*) *Corpori vaco, cujus fulcris animus sustinetur.* Ep. Lib. I. Ep. IX.

Mais comme l'ame eſt ſans contredit la partie de l'homme la plus noble & la plus excellente, il eſt bien évident que, toutes choſes d'ailleurs égales, le ſoin de l'ame doit l'emporter ſur celui du corps. C'eſt un ſecond devoir général de l'homme par rapport à lui-même.

Ce ſoin de l'ame, ou la culture de la raiſon, eſt pour l'homme de la derniere importance ; car l'homme ne peut ſe promettre un véritable bonheur que par le moyen de la raiſon ; & la raiſon ne peut le conduire à ce but, qu'autant qu'il prend ſoin de cultiver & de perfectionner ſes facultés.

Ce ſoin conſiſte principalement à former l'eſprit & le cœur. Former ſon eſprit, c'eſt ſe faire des idées droites des choſes, & principalement de nos devoirs. Former ſon cœur, c'eſt bien régler les mouvemens de ſa volonté, en conformer ſes actions à la droite raiſon. En un mot, la perfection de la raiſon conſiſte en deux habitudes, la *ſageſſe*, & la *vertu*.

La ſageſſe eſt cette habitude qui forme la raiſon à une attention ſuivie, à un diſcernement ſolide, à un raiſonnement juſte, par où l'ame ſe trouve en état d'acquérir, & acquiert en effet la connoiſſance des choſes, ſur-tout de celles qui intéreſſent ſes devoirs & ſon bonheur. La vertu

eſt cette habitude qui augmente, qui perfectionne la liberté; cette force de l'ame,
au moyen de laquelle l'homme ſe trouve
en état de ſuivre avec facilité les conſeils
de la ſageſſe; c'eſt-à-dire, d'une raiſon
éclairée, & de réſiſter avec efficace à
tout ce qui pourroit le déterminer au
contraire.

Or il eſt aiſé de prouver qu'il n'y a
que ces deux habitudes qui puiſſent perfectionner la raiſon. En effet, la fin de
la raiſon étant de nous conduire au bonheur, d'un côté par la connoiſſance des
vrais biens, & de l'autre par une conduite & une ſuite d'actions dirigées ſur
cette connoiſſance; ce n'eſt que par l'entendement & par la volonté qu'elle peut
ſatisfaire à cette double fin. Mais la ſageſſe
ne laiſſe rien à déſirer pour la perfection
de l'entendement, & il eſt bien évident
qu'un homme attentif & capable de bien
raiſonner, eſt en état d'acquérir les connoiſſances les plus utiles, & que jamais il
ne s'écartera de la vérité. De même on
peut dire que la vertu fait toute la perfection de la volonté, puiſqu'elle donne
à l'ame la force qui lui eſt néceſſaire pour
ſe déterminer conſtamment à ſuivre les
conſeils d'une raiſon éclairée.

L'on voit par ces définitions, que la ſageſſe dans ce ſens n'eſt autre choſe que

l'entendement éclairé; & la vertu, que la volonté perfectionnée par la sagesse. L'homme se rend attentif à ses véritables & solides intérêts, il les démêle d'avec ce qui n'en a que l'apparence; il choisit bien, & il se contient dans des choix éclairés. La vertu va plus loin: elle a à cœur le bien de la société: elle lui sacrifie dans le besoin ses propres avantages; elle sent la beauté & le prix de ce sacrifice, & elle ne balance point de le faire, quand il le faut.

Pour dire quelque chose de plus particulier, sur ce qui peut former l'homme à la sagesse & à la vertu, & le conduire au bonheur, il faut remarquer qu'il y a plusieurs connoissances qui peuvent beaucoup y contribuer. Premiérement, tous les hommes doivent graver profondément dans leur cœur l'idée de Dieu & les sentimens de la religion. Car le moyen que l'homme puisse se procurer un véritable bonheur, s'il ne connoît pas l'être duquel il dépend, & s'il n'est point instruit de sa volonté?

Après cela, chacun doit travailler à se faire une juste idée de soi-même & de son état: idée, que les Anciens regardoient comme fondamentale dans la recherche de la vraie sagesse. Ils en faisoient tant de cas, qu'on avoit gravé, en caractères d'or fur la porte du temple de Delphes, cétte fentence: *Connois-toi toi-même.* Or felon la remarque judicieufe d'un Ancien, « ce » précepte d'Apollon ne prefcrivoit pas » à chacun de connoître fes membres, fa » taille, ou fa figure; car nos corps ne » font pas proprement ce que nous ap- » pellons, *Nous. Connois-toi toi-même,* » vouloit donc dire: apprends à bien ». connoître ton ame. En effet, le corps » n'eft que le vafe de l'ame, ou ce qui » lui fert de logis. Et il n'y a que ce que » l'ame fait, qui puiffe être regardé » comme fait pour nous. (*)

Cette connoiffance de foi-même bien entendue mene l'homme à la découverte de fon origine, & en même temps du rôle, pour ainfi dire, dont il eft chargé dans ce monde, par une fuite néceffaire de fa condition naturelle. Car il apprend par là, qu'il n'exifte pas par lui-même, & qu'il doit fa vie à un principe plus re-levé; qu'il eft orné de facultés plus nobles que celles des bêtes; qu'il n'eft pas tout ici-bas; qu'il n'eft pas né pour lui feul, qu'il fait partie du genre humain, envers qui il doit pratiquer les lois de la focia-bilité. Or ce font là les fources d'où dé-

____

(*) Cic. Tufcul. I. c. 22.

coulent manifeftement tous les devoirs de
l'homme.

Il eft encore néceffaire pour la perfection de notre ame & de notre bonheur,
de connoître le jufte prix des chofes, qui
excitent ordinairement nos défirs. Car,
c'eft de là que dépend le degré plus ou
moins grand d'empreffement avec lequel
nous pouvons les rechercher. J'avoue que
cette tâche eft difficile : & même, prife
dans toute fon étendue, elle eft au-deffus
des forces humaines. Donner le jufte prix
aux chofes, c'eft connoître à fond leur
nature, leurs rapports entr'elles & rela-
-tivement à notre bonheur. Or je dis que
cette connoiffance eft au-deffus de nos
forces. Cependant il faut tâcher de s'en
approcher autant qu'il eft poffible ; & à
l'aide d'une culture affidue de notre efprit, d'en acquérir une partie, fi on ne
peut l'obtenir en entier.

Les chofes qui entraînent les décifions
de notre ame & qui la déterminent aux
actions morales, font principalement,
l'*eftime* ou la *gloire*, les *richeffes* & les *plaifirs*. L'eftime n'eft autre chofe que la bonne
opinion que les autres hommes ont de
nous, & la haute idée qu'ils fe font de
notre mérite. Il y en a de deux fortes :
favoir une eftime *fimple* & commune, &
une eftime *de diftinction*, qui s'appelle *hon-*

neur & gloire. L'estime simple ou commune consiste dans la réputation d'honnête homme. Il ne faut donc rien négliger pour l'acquérir & pour la conserver; & comme elle est la suite & la récompense de la vertu, ne la pas rechercher, ce seroit mépriser la vertu même. Mépriser la gloire, dit Tacite, c'est mépriser les vertus qui y menent. *Contemptâ famâ, virtutes contemnuntur.*

Pour la gloire, elle consiste dans l'opinion distinguée que les autres hommes conçoivent de nous, en conséquence de nos belles actions, c'est-à-dire, qui apportent à la société quelque avantage très-considérable. Telles sont les vertus éminentes, les talens supérieurs, le génie couronné aux grandes & belles choses, la droiture & la solidité du jugement propre à manier les grandes affaires, la supériorité dans les sciences & les arts utiles, la production des ouvrages fins, les découvertes importantes, la force, l'adresse & la beauté du corps, en tant que ces dons de la nature sont accompagnés d'une belle ame; les biens de la fortune, en tant que leur acquisition a été l'effet du travail ou de l'industrie de celui qui les possede, & qu'ils lui ont fourni le moyen de faire des choses dignes de louange, &c.

A l'égard des richeffes, voici les confeils que la raifon nous préfente. 1°.
Comme elles font néceffaires à l'homme,
il peut travailler à fe les procurer, s'il en
manque. 2°. Il ne doit le faire que par
des moyens honnêtes & vertueux. 3°.
Il faut proportionner la recherche des
richeffes aux befoins de la nature, & aux
regles de la modération, conformément
à fon état. 4°. Il faut fe fervir des richeffes, comme de fecours utiles & pour
nous-mêmes & pour les autres, & éviter
également la prodigalité qui les diffipe
fans néceffité, & l'avarice qui en rend la
poffeffion inutile.

Pour ce qui eft des plaifirs, il faut remarquer d'abord que le fentiment qui
porte l'homme à les rechercher & à fuir la
douleur, n'a par lui-même rien que de naturel & de raifonnable. En effet, nous
fommes portés par une loi mécanique à
embraffer le bien en général & à éviter
le mal, à préférer des fentimens agréables
aux fentimens défagréables ; or tout bien
véritable produit du plaifir ou des fentimens agréables : tout mal véritable produit de la douleur ou des fentimens défagréables. Donc, c'eft par la conftitution
de notre nature même, & par une force
irréfiftible, que nous aimons & que nous
recherchons le plaifir.

Mais comme la senfibilité que nous avons pour les plaifirs, eft pour ainfi dire, la partie foible de l'ame, il eft très-important pour le bonheur de l'homme de connoître les ménagemens qu'il y doit obferver. C'eft le fervice le plus fignalé que nous puiflions attendre de la fageffe, que de nous apprendre à choifir, parmi cette foule de plaifirs que la bonté fuprême nous offre, ceux qui font les plus conformes à notre nature, à notre caractere, à nos circonftances, & qui font les moins fujets aux viciffitudes & aux inconvéniens : & de nous enfeigner à diftinguer les plaifirs réels, de ceux qui dépendent de l'opinion & des préjugés, & qui offufquent fouvent notre jugement, au point de nous engager à quitter une vraie fatisfaction, pour courir après une fauffe, & fouvent même criminelle.

Il y a donc des plaifirs innocens & permis, & des plaifirs criminels & défendus. Les premiers font ceux qui n'ont par eux-mêmes rien d'oppofé à la confervation & à la perfection de l'homme, mais qui y contribuent plutôt que d'y nuire, & dont nous pouvons jouir fans bleffer les droits d'autrui. Les feconds font ceux qui nuifent à la confervation & à la perfection de l'homme plutôt que d'y contribuer, ou que nous ne pouvons

ñous procurer fans injuftice. Les premiers
font néceffaires à l'homme pour raninier
fes forces épuifées par le travail, & ils
peuvent être recherchés innocemment.
Mais les derniers étant plutôt des maux
que des biens, & fe trouvant en oppofition à nos devoirs, ne peuvent être recherchés fans crainte.

Enfin, la maniere la plus efficace de
fe garantir contre l'appât féduifant du
plaifir & de fes fuites fâcheufes ; c'eft de
travailler avec application à fe rendre
maître de fes paffions. Les mouvemens
violens de l'ame, interrompant toutes les
fonctions de la raifon, font les ennemis
les plus dangereux de l'homme. Et au
contraire, la modération des paffions eft
le principe le plus fûr de tout ce qu'il y a
de fageffe & de probité dans le monde.

Mais l'homme peut-il parvenir à mo-
dérer fes paffions ? Environné d'écueils,
pouffé par mille vents contraires, peut-il
arriver au port défiré du falut ? Oui, fans
doute il le peut : il eft pour lui une raifon
qui modere les paffions, une lumiere qui
l'éclaire, des regles qui le conduifent,
une vigilance qui le foutient, des efforts,
une prudence dont il eft capable, des
fecours qu'il peut fe procurer. *Eft enim
quædam medicina certè ; nec tam fuit ho-
minum generi infenfa atque inimica natura,*

ut corporibus tot res salutares, animis nul-
lam invenerit : de quibus hoc etiam est meritò
melius, quòd corporum adjumenta adhibentur
extrinsecus, animorum salus inclusa in ipsis
est (*).

Ajoutons enfin, que comme l'homme
n'apporte en naissant que de foibles dispositions à recevoir la culture de la raison, il a un besoin tout particulier de discipline & du secours des autres hommes,
pour acquérir la sagesse & la vertu. Si
l'homme en naissant apportoit au monde
des connoissances distinctes, assurées,
suffisantes, la science du bien & du mal
lui seroit naturelle ; & tous les actes de
sa volonté auroient la même rectitude que
ceux des organes des sens, lorsqu'ils sont
bien construits. Mais l'expérience dépose
malheureusement le contraire. L'entendement ne se manifeste dans les hommes
qu'après des opérations préalables, lentes
& tardives. La raison a besoin de culture
pour agir, & sans culture elle reste en
friche. Chacun connoît la nécessité de l'é-
ducation, & de cette éducation qui tend
à éclairer l'entendement, à apprécier les
choses, à former la raison ; car les vices
de la volonté viennent d'un vice de l'en-

(*) Cic. Tuscul. IV. c. 27.

tendement. Quiconque refuse de faire son devoir, puise ce refus dans l'idée où il est que ce n'est pas un devoir, ou qu'il peut s'en dispenser. S'il est vrai que l'esprit soit quelquefois la dupe du cœur, il est encore plus vrai que le cœur à son tour est égaré par l'esprit, qui ne l'éclaire point, ou qui l'éclaire mal. Que l'on travaille à former l'esprit de bonne heure par une éducation sensée ; on formera en même temps le cœur.

En effet, ce n'est que par la connoissance du vrai & du faux que nous pouvons prétendre de parvenir à celle du bien & du mal. Mais quel autre moyen pour connoître le vrai & le faux, que celui des sciences ? Ce sont les sciences qui nous font connoître la nature des êtres, leurs qualités, leurs différens rapports ; ce sont les sciences qui nous en étalent la juste valeur, afin que les apparences ne nous trompent point dans leur estimation ; ce sont les sciences qui forment notre raisonnement & qui étendent les lumieres de notre raison. Ce sont elles qui nous apprennent les devoirs de l'humanité, & qui arrachent notre ame des ténebres, pour lui faire voir, comme dit Montagne, toutes choses hautes & basses, premieres, dernieres & moyennes : ce sont elles enfin qui nous font passer un âge malheureux sans déplaisir & sans ennui. Cela étant absolument nécessaire dans une pratique raisonnée de nos devoirs, il s'ensuit naturellement que l'étude des sciences est un des devoirs principaux de l'humanité. Voyez sur toute cette Leçon & principalement sur la derniere proposition, Burlamaqui, Tom. III. cap. IV. Part. III.

LEÇON XVI.

La liberté naturelle : Droit de l'homme sur sa vie.

APrès avoir connu les devoirs de l'homme envers soi-même, il faut exposer ses différens droits ; parmi lesquels les plus considérables sont la liberté naturelle & la vie.

La liberté naturelle est le droit que tous les hommes ont par leur nature, de disposer de leurs personnes, de leurs actions, de leurs biens, de la maniere qu'ils jugent la plus convenable à leur bonheur, sous la condition qu'ils ne blessent en rien leurs devoirs, ni par rapport à Dieu, ni par rapport à eux-mêmes, ni par rapport aux autres hommes. Les lois naturelles sont donc la regle & la mesure de cette liberté ; car quoique les hommes dans l'état primitif de la nature foient dans l'indépendance les uns à l'égard des autres, ils font tous fous la dépehdance des lois naturelles ; c'eft fur elles qu'ils doivent diriger leurs actions. Cette liberté eft appellée un droit naturel, parce que c'eft une prérogative inhérente à la nature de l'homme, & qui lui appartient par une fuite néceffaire de fa conftitution.

A ce droit de liberté, répond une obligation réciproque, que la loi naturelle impofe à tous les hommes, & qui les engage à ne point troubler les autres dans l'exercice de leur liberté, tant qu'ils n'en abufent pas. Car puifque les hommes ont tous, par la nature, le même droit, il s'enfuit que comme chacun prétend que les autres refpectent l'ufage qu'il fait de fa liberté, il doit confentir à fon tour à avoir pour eux les mêmes attentions, les mêmes ménagemens qu'il demande pour lui-même.

J'ai dit que les lois naturelles font la regle & la mefure de cette liberté ; ce qui, bien loin de la diminuer, en fait toute la perfection & la fûreté. Les lois naturelles en font la perfection, parce que l'homme n'eft libre que pour parvenir plus fûrement au bonheur. Or il eft certain que l'obfervation exacte des lois na-

turelles eft le feul moyen qui peut procurer aux hommes un bonheur affuré.

Pour s'en convaincre, il faut confidérer le commencement & les progrès
de l'homme. Tous les hommes naiffent
libres. Cependant on ne laiffe pas les
jeunes gens maîtres abfolus d'eux-mêmes,
mais on leur donne des tuteurs, des cu-
rateurs, en un mot des maîtres ; parce
que la raifon n'étant pas parfaitement dé-
veloppée chez eux, fi on les laiffoit entiérement à eux-mêmes, leur liberté tour-
neroit à leur ruine, bien loin de procurer
leur perfection & leur bonheur. C'étoit
un paradoxe parmi les Stoïciens, que le
feul fage eft libre ; & ce paradoxe bien entendu, contient un principe infiniment
intéreffant fur l'ufage de la liberté.

En effet, il n'y a que la fageffe qui nous
rende libres. C'eft là une vérité que Jéfus-
Chrift lui-même nous a enfeignée. Socrate
donnant à la vertu le nom de vérité,
parce qu'elle n'en diffère que comme la
fpéculation diffère de la pratique, afpirez-
vous, ajoutoit-il, à la liberté parfaite ?
Ne jugez des biens & des maux que fur
ce qu'ils font en eux-mêmes, & non fur
ce que le monde en a penfé. En conféquence ne vous attachez qu'aux vrais
biens, ne fuyez que les vrais maux ; vous
voilà dans l'état de liberté la plus parfaite

où

où vous puissiez jamais être. C'est ainsi
que la vérité vous rend libres.

Par la liberté nous choisissons ; or il
n'y a point de choix où l'évidence frappe
l'entendement ; car alors nous sommes
déterminés par une loi mécanique qui
nous porte irrésistiblement à embrasser
le bien & à éviter le mal ; & par conséquent en cela il n'y a point de liberté.
Il est donc clair, qu'à proprement parler,
nous ne nous servons de la liberté que
dans les cas où le choix est précédé d'un
examen à l'aide duquel nous approfon-
dissons les motifs qui doivent nous déterminer. La liberté est donc une faculté qui
nous a été accordée pour suppléer à l'im-
perfection de notre entendement, pour
nous garantir de l'erreur, & pour nous
donner le temps de dissiper, en suspen-
dant nos jugemens, ces ténebres dont
les motifs qui nous déterminent à agir,
se trouvent souvent enveloppés. Celui
donc qui choisit mal, ne fait pas de la
liberté l'usage auquel elle est destinée. Ce
n'est que celui qui choisit conformément
à la nature des choses, à sa conservation,
à sa perfection, à son bonheur, qui se
détermine, en un mot, par le vrai bien,
qui fasse un véritable usage de la liberté,
& qui par conséquent soit vraiment libre.
Or pour choisir toujours le vrai bien, il

faut connoître le vrai, car sans la connoissance du vrai, point de choix du bien. Comme donc il seroit absurde de dire que la connoissance qui détermine notre choix, gêne notre liberté ; il ne le seroit pas moins de penser que les lois naturelles gênent notre liberté naturelle, en tant qu'elles nous dirigent dans le choix de nos actions par rapport à Dieu, par rapport à nous-mêmes, & par rapport aux autres. Si les lois gênoient la liberté naturelle, il n'y auroit que les foux qui fussent véritablement libres, & d'autant plus libres qu'ils s'écarteroient le plus de la droite raison ; & la liberté, le plus beau présent que la Nature nous ait fait, tendroit ainsi directement à la destruction de l'être qui en seroit orné. Ce n'est donc que celui qui vit conformément aux lois qui est véritablement libre : c'est le vrai Sage.

J'ai dit encore que les lois naturelles font toute la sûreté de la liberté, par rapport à l'homme, c'est-à-dire, qu'elles lui en assurent la jouissance de la part des autres hommes. En effet, ce sont les lois naturelles qui mettent un frein à la liberté des autres, en ce qu'elle pourroit avoir de dangereux pour nous ; & d'un autre côté, ces mêmes lois dirigent l'usage de notre liberté, de maniere qu'elle ne

bleſſe en rien les intérêts des autres hommes, & qu'au contraire elle leur eſt avan-
tageuſe. Elles aſſurent par là à tous les
hommes le plus haut degré de liberté qu'ils
puiſſent ſouhaiter raiſonnablement, & qui
leur eſt le plus avantageux. Il faut donc
bien diſtinguer la liberté de la licence,
qui n'eſt autre choſe qu'une liberté déréglée, contraire à nos devoirs, & qui va
à nous rendre malheureux. La liberté tient,
pour ainſi dire, le milieu entre la licence
qui en pervertit la deſtination, & l'eſclavage qui l'anéantit entiérement.

Remarquons que comme la liberté eſt
par elle-même le droit le plus conſidérable de l'homme, & qui fait pour lui la
ſûreté de tous les autres, il peut légitimement regarder & traiter comme un
ennemi quiconque voudroit l'uſurper ſur
lui, & le réduire à l'eſclavage. Les Romains regardoient la liberté naturelle
comme un bien ineſtimable : *Libertas ineſ-
timabilis res eſt* (*). D'où il ſuit qu'il n'eſt
pas permis à l'homme de renoncer à ſa
liberté d'une maniere abſolue & ſans ré-
ſerve. La raiſon en eſt, qu'il ſe mettroit
par là hors d'état de s'acquitter de ſes devoirs & de ſe conſerver ; ce qui n'eſt

____

(*) Dig. Lib. L. Tit. XVII. *de div. reg. jur.* Leg. CVI.

jamais permis. Mais au contraire, il eſt permis, & même louable, de renoncer à une partie de ſa liberté, ſi par là on ſe met d'autant mieux en état de ſatisfaire à ſes devoirs, ou ſi l'on ſe procure quelque avantage conſidérable. C'eſt l'état des hommes dans la ſociété civile. En un mot, la perte de la liberté eſt un bien, quand en la perdant on ſe met dans la néceſſité d'être heureux.

Après la liberté vient naturellement le droit de l'homme ſur ſa vie. La plupart des anciens Philoſophes croyoient que l'homme étoit le maître de ſa vie, juſqu'à pouvoir ſe donner la mort, quand il le trouveroit à propos. On a reproché aux Stoïciens d'enſeigner & de pratiquer le ſuicide. Les Platoniciens au contraire, ſoutenoient que la vie eſt une ſtation dans laquelle Dieu a placé l'homme ; que par conſéquent il ne lui eſt point permis de l'abandonner ſuivant ſa fantaiſie. Chez les Romains, l'action de ceux qui s'ôtoient la vie par un ſimple dégoût, à la ſuite de quelque perte ou de quelque événement fâcheux, étoit regardée comme un trait de philoſophie & d'héroïſme. Parmi les modernes, l'Abbé de St. Cyran a ſoutenu qu'il y a quelque cas où l'on peut ſe tuer. Le Docteur Donne, ſavant Théologien Anglois, a entrepris de prouver que le

ſuicide n'eſt point défendu dans l'Ecri-
ture ſainte , & ne fut point regardé
comme un crime dans les premiers ſiecles
de l'Egliſe.

Etabliſſons quelques principes pour juger ſûrement de cette queſtion. 1°. La vie
eſt par elle-même un bien très - conſidérable , puiſqu'elle eſt le principe & le fondement de tous les autres. C'eſt pourquoi
elle eſt regardée comme n'étant point ſuſceptible d'eſtimation.

2°. Nous ne tenons pas ce bien de nous-
mêmes , mais de la main bienfaiſante de
Dieu. C'eſt un dépôt qu'il nous a confié.
Il n'appartient qu'à lui de retirer ſon dépôt quand il le trouve à propos. Ainſi
l'homme n'eſt point en droit d'en diſpoſer
à ſon gré , moins encore de le détruire
entiérement.

3°. Enfin le but de Dieu, en nous donnant la vie , eſt que nous nous en ſer-
vions , & pour notre avantage , & pour
la ſociété. Nous ne ſommes pas au monde
uniquement pour nous-mêmes. Nous ſommes dans une liaiſon étroite avec les autres hommes , avec notre patrie , avec nos
proches , avec notre famille. Ce ſont là
autant d'objets qui exigent de nous certains devoirs auxquels nous ne pouvons
pas nous ſouſtraire nous - mêmes. C'eſt
donc violer les devoirs de la ſociété, que

de la quitter avant le temps, & dans le moment où nous pourrions lui rendre les services que nous lui devons.

Il est sûr que le penchant que nous sentons pour notre conservation & qui est naturel à tous les hommes, & même à toutes les créatures, vient du Créateur. On peut donc le regarder comme une loi naturelle gravée sur le cœur de l'homme par l'Auteur de notre être. Il renferme ses ordres par rapport à notre existence. Ainsi tous ceux qui agissent contre ce penchant naturel, & même si nécessaire à la conservation de l'univers, agissent contre la volonté de leur Créateur. Le droit de la juste défense de soi-même est fondé uniquement sur le devoir de conserver notre vie comme un dépôt sacré du Créateur. Car sans ce devoir on auroit de la peine à soutenir le droit de repousser un injuste agresseur qui en veut à notre vie, ou à notre bien, moyen nécessaire pour la conserver.

Le but que le Créateur se propose en donnant la naissance à un homme, est sûrement qu'il continue à exister & à vivre aussi long-temps qu'il plaira à Dieu; & comme cette fin seule ne sauroit remplir toute l'étendue des vues de l'être souverainement parfait, il faut ajouter qu'il veut que l'homme vive pour la gloire de son auteur, & pour manifester ses perfections. Or ce but est frustré par le suicide. L'homme en se détruisant enleve du monde un ouvrage qui étoit destiné à la manifestation des perfections divines.

Enfin, la premiere où l'homme se trouve par rapport à soi-même, c'est de se conserver dans un état de félicité, & de se perfectionner de plus en plus. Ce devoir est une suite nécessaire du désir que chacun a de se rendre heureux : or en se privant de la vie, on néglige ce qu'on se doit à soi-même, on interrompt le cours de son bonheur, on se prive des moyens de se perfectionner davantage dans ce monde. Il est vrai que ceux qui se tuent eux-mêmes, regardent la mort comme un état plus heureux que la vie ; mais c'est en quoi ils raisonnent mal. Ils ne peuvent jamais avoir une entiere certitude ; jamais ils ne pourront démontrer que leur vie est un plus grand malheur que la mort. Et c'est ici la clef pour répondre à diverses questions qu'on forme, suivant les différens cas où un homme peut se trouver.

Concluons donc que l'homme n'a point de droit proprement dit sur sa vie ; mais qu'il est dans une obligation très-rigoureuse de la conserver autant que Dieu le trouvera bon. *Vetatque Pythagoras,* disoit Cicéron, *injuſſu Imperatoris, id eſt Dei, de praſidio & ſtatione vitâ decedere* (*). Ceux-là donc ſont véritablement homicides d'eux-mêmes, qui, contre la volonté de Dieu, s'ôtent volontairement la vie. Je dis *volontairement*, pour marquer que le défaut de volonté, ici comme par-tout ailleurs, fait ceſſer le crime. Par exemple, pour ceux qui dans la folie, ou dans quelque autre accès qui leur ôte l'uſage de la raiſon, ſe donnent la mort à eux-mêmes.

Outre le ſuicide *direct*, qui eſt l'action d'un homme qui de propos délibéré ſe prive de la vie d'une maniere violente, & dont nous venons de parler, il y en a un autre qu'on appelle *indirect*, par où on entend toute action vicieuſe, ou toute habitude déréglée, qui occaſionne une mort prématurée, ſans qu'on ait eu préciſément l'intention de ſe la procurer. Cela ſe fait ou en ſe livrant aux emportemens des paſſions violentes, ou en menant une vie déréglée, ou en ſe retranchant le néceſſaire par une avarice honteuſe, ou en s'expoſant imprudemment à un danger évident. Les mêmes raiſons qui défendent d'attenter à ſa vie directement, condamnent auſſi le ſuicide indi-

______

(*) De Senect. n. 73.

rect, comme il eſt aiſé de le voir. Voyez
ſur cette Leçon Burlamaqui, Tom. III.
chap. V. & VI. de la IIIe. Partie.

LEÇON XVII.

La juſte défenſe de ſoi-même.

S'Il eſt vrai que Dieu nous ordonne de
ne pas quitter ſans ſon ordre le poſte
qu'il nous a aſſigné ſur la terre : s'il eſt
vrai que nous devons conſerver ſoigneu-
ſement la vie, comme le dépôt le plus
ſacré que le Créateur nous ait confié ; s'il
eſt vrai enfin que toute obligation emporte le droit aux moyens de s'en acquitter, nous ne nous tromperons point en
concluant que nous avons un droit des
plus parfaits à tout ce qui s'oppoſe à ce
grand devoir de la conſervation de la vie.
Nous devons donc en écarter tous les
obſtacles, en éviter tous les périls, repouſſer toutes les actions extérieures contraires à la volonté de Dieu & à ſes ordres à cet égard. *Nam jure hoc evenit*, di-
ſoient ſagement les Romains, *ut quod
quiſque ob tutelam, ſui corporis fecerit, jure
feciſſe exiſtimetur* (*).

____

(*) L. 3. D. *De juſt. & jure.*

K v

Cette obligation s'étend jusqu'à faire le plus grand mal à notre prochain, qui en voudroit injustement à notre vie, sans blesser ce que d'ailleurs nous lui devons; car elle est entiérement réciproque; quiconque veut qu'on s'acquitte de tous les devoirs à son égard, doit commencer par s'en acquitter lui-même envers les autres. On peut même dire que l'obligation de se défendre soi-même, est un des plus sûrs moyens de maintenir la société & la paix. Sans cela les honnêtes gens seroient la victime des scélérats, & tous les avantages que nous tenons de la nature ou de notre industrie, nous deviendroient inutiles, s'ils pouvoient nous être enlevés impunément par la malice ou par la violence.

Il faut remarquer ici, que la juste défense de soi-même exige trois conditions nécessaires : 1°. Que l'agresseur soit injuste, c'est-à-dire, qu'il en veuille à notre vie, sans qu'il y ait de notre faute. 2°. Qu'on ne puisse point éviter le péril d'une maniere sûre, ni autrement qu'en faisant du mal, ou même en tuant son adversaire. 3°. Enfin, il faut que la défense soit proportionnée à l'attaque, c'est-à-dire, qu'elle ne soit pas poussée au-delà de ce qu'exige proprement la défense de soi-même.

Mais pour faire l'application de ces principes aux différens cas qui peuvent se préfenter, il faut d'abord diftinguer l'état de nature d'avec l'état civil. En général, le droit de fe défendre foi-même a plus d'étendue dans l'état de nature que dans l'état civil. La raifon en eft, que dans le premier état, perfonne n'eft proprement chargé du foin de notre confervation que nous-mêmes. C'eft donc à nous à employer pour cet effet toutes nos forces, & de la maniere la plus efficace. Mais au contraire, dans l'état civil le Souverain eft chargé du foin de défendre les particuliers contre tout injufte agreffeur ; & par conféquent ceux-ci doivent recourir à fa protection, toutes les fois que les circonftances le leur permettent. Après ces principes, voici les regles principales fur cette matiere.

I. Il eft de la prudence, avant que d'en venir aux mains, de tenter les voies de la douceur plutôt que celles des armes. Par ce jufte tempérament l'on fatisfait en même-temps à ce que nous devons à nous-mêmes & aux autres.

II. Mais fi les voies de douceur font inutiles dans l'état de nature, auffi long-temps que quelqu'un perfifte actuellement à nous faire tout le mal poffible, nous avons un droit indéfini de le repouffer par la force, & même de le tuer, s'il est néceffaire; & cela jufqu'à ce que nous foyons à couvert du péril qui nous menaçoit, que nous ayons obtenu la réparation du tort qu'il nous a fait, & s'il y a lieu, jufqu'à ce que notre adverfaire nous ait donné de bonnes sûretés pour l'avenir.

III. Ce droit illimité de fe défendre a lieu, foit que l'on attaque directement notre vie, foit qu'on veuille nous faire quelque autre mal confidérable, que nous ne fommes pas obligés de fouffrir. Par exemple, fi l'injufte agreffeur veut nous battre, nous meurtrir, ou nous priver de quelque membre, &c.

IV. A l'égard du temps auquel on peut légitimement commencer à fe défendre foi-même, il faut établir qu'il eft permis de commencer les actes d'hoftilités, lorfqu'il paroît par des indices manifeftes, que quelqu'un travaille actuellement à nous faire du mal, quoique fes deffeins n'ayent pas encore éclaté; c'eft-à-dire, que dans l'état de nature on peut prévenir l'agreffeur au milieu de fes préparatifs; pourvu qu'il ne refte d'ailleurs aucune efpérance de le ramener par des exhortations amiables, ou qu'en ufant de cette voie de douceur, on ne porte point de préjudice à fes propres intérêts. « Tout

„ homme qui me dreſſe des piéges, diſoit
„ Démoſthene (*), & fait ce qu'il peut
„ pour me ſurprendre, dans ce temps-là
„ même, quoiqu'il n'en ſoit qu'aux pré-
„ paratifs, ne me fait-il pas déjà la guerre ;
„ quoiqu'on ne voie encore voler ni fle-
„ ches ni dards ? „

V. Si l'agreſſeur, touché de repentir,
nous demande pardon, & qu'il offre en
même temps de réparer le mal qu'il nous
a cauſé, on doit ſe réconcilier avec lui,
ſans exiger d'autres aſſurances qu'une nouvelle proteſtation de vivre déſormais pai-
ſiblement avec nous. Puiſqu'un homme
qui fait de ſon pur mouvement une pareille démarche, montre ſuffiſamment
qu'il a du regret de ſa faute, & qu'il eſt
bien réſolu de n'y plus retomber.

Pouſſer les actes d'hoſtilité au-delà de
ces termes, ce ne ſeroit plus défenſe,
mais vengeance.

Mais ce qui eſt permis dans l'état de
nature, ne l'eſt pas toujours dans l'état
civil. Le droit de la juſte défenſe de ſoi-
même que chacun avoit dans l'indépendance de l'état de nature, eſt ôté aux particuliers dans la ſociété civile ; de ſorte
qu'il ne leur eſt plus permis de tirer raiſon

____

(*) Philip. III.

eux-mêmes, comme ils l'entendent, des injures qu'ils ont reçues, ni de se faire rendre par force ce qui leur est dû. Il faut qu'ils implorent la protection des Lois & du Magistrat : c'est lui qui est chargé du soin de procurer aux personnes lésées la réparation de l'injure & du dommage, aussi bien que les sûretés nécessaires pour l'avenir, & de faire jouir chacun de ses droits. Ainsi dans la société civile il n'est permis ni de prévenir l'agresseur au milieu de ses préparatifs, ni, après avoir reçu de lui quelque injure, d'en tirer raison par des voies de fait ; autrement quel besoin auroit-on de Magistrats, & de l'institution des sociétés civiles ? Voici donc les regles principales qui regardent la juste défense de soi-même dans la société civile.

I. Les membres d'une société civile ne doivent avoir recours aux voies de fait & à la violence, que lorsque les circonstances ne leur permettent pas de recourir à la protection du Souverain. S'ils en usoient d'une autre maniere, ce seroit évidemment un attentat contre l'autorité souveraine, un désordre qui produiroit nécessairement la licence & l'anarchie.

II. Dans l'état civil, la défense de soi-même à main armée, ne peut pour l'ordinaire être poussée au-delà de ce qui est néceſſaire pour nous délivrer du péril auquel nous ſommes actuellement expoſés. À l'égard de la réparation du dommage & des ſûretés pour l'avenir, c'eſt au Souverain qu'il faut s'adreſſer.

Par ces deux premieres regles l'on voit la différence des bornes de la défenſe de ſoi-même dans l'état naturel & dans celui de la ſociété civile. Car la défenſe de ſoi-même dans l'état de nature eſt fondée ſur le droit de la conſervation de ſoi-même, & ſur celui que chacun a de réprimer le crime, & toute infraction des lois naturelles ; de façon que l'offenſé a droit de ſe défendre & de punir ou de pourſuivre un injuſte agreſſeur. Mais dans la ſociété civile, le droit de punir eſt paſſé entre les mains du Magiſtrat. Ainſi, dès que l'offenſé a mis en ſûreté ſa propre vie ou ſes biens, il ne lui eſt pas permis de pouſſer plus loin les actes d'hoſtilité ; car c'eſt au Souverain à y pourvoir pour l'avenir, à procurer à l'offenſé les dédommagemens équitables, & à lui donner les ſûretés néceſſaires.

III. A l'égard du temps, nous ne pouvons repouſſer notre ennemi par la force que lorſque nous ſommes actuellement inſultés, & que nous n'avons pas le temps de recourir au Souverain. D'où il paroît que dans la ſociété civile, le temps d'une jufte défenfe de foi-même, eft renfermé dans des bornes fort étroites, & réduit prefqu'à un point indivifible ; quoiqu'il ait d'ordinaire un peu plus d'étendue dans la pratique, & que les Magiftrats ne faffent guere d'attention fi l'on va un peu au-delà de ces limites. Un Juge éclairé découvre aifément, par l'examen des circonftances de chaque action, fi la défenfe eft innocente ou non.

Voici cependant une maxime générale fur laquelle il femble que l'on doive fe régler en ce cas-là. C'eft que le temps auquel on peut tuer un homme en fe défendant, commence dès le moment que l'agreffeur témoigne en vouloir à notre vie ; & étant pour cet effet armé de forces & inftrumens néceffaires, fe trouve pofté dans un endroit d'où fes coups peuvent porter jufqu'à nous, en comptant d'ailleurs le temps qu'il faut pour le prévenir, fi l'on ne veut pas demeurer en proie à fa rage. C'eft là précifément ce que les Jurifconfultes Romains appellent *prévenir à propos un agreffeur* ; ajoutant qu'il vaut mieux le prévenir que d'attendre qu'il ait exécuté fes mauvais deffeins. *Melius enim eft occurrere in tempore, quàm poft exitum vindicare* (*).

(*) Cod. Lib. III. Tit. XXVII. *Quando liceat unicuique fine judice vindicare*, &c. Leg. I.

IV. Enfin, fi le Souverain, au lieu de nous protéger contre la violence, faifoit profeffion ouverte de nous refufer tout fecours & toute juftice, l'on pourroit alors ufer de ces droits & travailler à fa confervation par les moyens que l'on juge les plus convenables.

Les biens étant abfolument néceffaires à la confervation de la vie, les mêmes raifons qui nous autorifent à repouffer par la force un injufte agreffeur qui en veut à notre vie, nous donnent auffi le droit de le repouffer lorfqu'il n'en veut qu'à nos biens. Mais il faut ici diftinguer l'état de nature d'avec l'état civil. Dans l'état de nature, s'il n'étoit pas permis d'en venir aux dernieres extrémités contre un raviffeur injufte, cela autoriferoit la fcélérateffe & le brigandage, le repos & la sûreté de la fociété en feroient en tiérement ruinés. Mais dans l'état civil, il faut pour l'ordinaire avoir recours au Magiftrat, dont l'autorité eft fuffifante pour nous procurer aifément & fans défordre la réparation du dommage qu'on peut nous caufer par rapport à nos biens. Je dis, *pour l'ordinaire :* car fi l'on fe trouve dans de telles circonftances que l'on ne puiffe avoir recours au Souverain, & que la perte de nos biens foit irréparable, & en même-temps confidérable, au point de

déranger nos affaires, l'on peut alors défendre ses biens par soi-même & à toute
outrance. La cause de cette restriction de
la liberté, c'est que si pour la moindre
injure on pouvoit en venir à des actes
d'hostilité contre un citoyen, ce seroit
une source de troubles & de désordres
perpétuels. On ne doit donc user de ce
droit qu'autant que la constitution du gouvernement civil & les lois particulieres
de l'état nous le permettent.

Parmi les biens de ce monde, l'honneur
est sans contredit le plus précieux. Le mot
d'*honneur* a différens sens ; car il signifie
quelquefois *l'estime simple*, & plus généralement *l'estime de distinction*. Il signifie
aussi *la vertu*, *le mérite* & *la dignité*, qui
attirent cet honneur extérieur ; & c'est en
ce sens qu'on dit que ces qualités font
honneur à un homme. Ce terme signifie
encore, dans un sens plus étendu & plus
ordinaire, cet avantage qu'ont au-dessus
de ceux dont la vie est sujette à quelque
reproche, qui les a décriés dans le public,
ceux qui vivent de telle maniere, même
dans les moindres conditions, qu'ils ne
s'attirent aucun reproche de cette nature :
on dit de ces personnes, que ce sont d'honnêtes gens qui vivent avec honneur. Il
signifie aussi l'état d'une honnête fille qui
conserve son intégrité, d'une femme qui

n'a pas bleffé la continence nuptiale, &
d'une veuve chafte. Enfin il fignifie la réputation ou l'eftime qu'attirent dans le
public toutes ces différentes efpeces d'honneur ; & c'eft en ce fens qu'on dit des mé-
difans, qu'ils bleffent l'honneur.

L'on demande s'il eft permis de repouffer à main armée un injufte agreffeur qui
en veut à notre honneur. Si l'on prend
l'honneur pour *l'eftime de diftinction*, on
trouvera la décifion de la queftion dans
ce que nous en avons dit à la fin de la
Leçon XV. Si l'on prend l'honneur pour
la vertu ou l'eftime fimple, l'affirmative
ne fouffre point de difficulté ; car comme
l'honneur eft par lui-même un bien très-
précieux, & fans lequel tous les autres
avantages de la vie ne fauroient faire le
bonheur de l'homme, il eft, à parler en
général, inconteftable que chacun eft en
droit de défendre fon honneur, même par
la force ; & cela d'une maniere proportionnée au péril où il eft à cet égard.
Cette décifion eft fondée fur ce que par
la loi naturelle on eft tenu généralement
de regarder pour d'honnêtes gens ceux
qui par leur conduite ne fe font point rendus indignes de cette opinion favorable.

Enfin, en prenant l'honneur pour la
pudeur du fexe, comme prefque tous les
peuples de la terre mettent cette efpece

d'honneur au même rang que la vie, on a raison de soutenir que chacun peut aussi le défendre en tuant même celui qui veut le lui ravir. En effet, l'honneur passant pour le plus bel ornement du sexe, & ce sexe étant foible par lui - même, il falloit le munir de toute maniere contre l'insolence des hommes entreprenans. Pour ce qui regarde les sociétés civiles, puisque les Légiflateurs ont eu droit d'attacher au viol la peine de mort, ils ont pu aussi sans contredit permettre à toute honnête femme de défendre jusqu'au sang ce qu'elle ne sauroit plus recouvrer quand on le lui a une fois ravi. Affront qui est d'autant plus grand, qu'il peut réduire une femme d'honneur à la dure nécessité de susciter, de son propre sang, de la lignée à un homme qui agit avec elle en ennemi.

Les principes que nous venons de développer suffiront pour résoudre toutes les différentes questions que l'on propose sur la juste défense de soi-même contre un injuste agresseur qui en veut à notre vie, à notre honneur, à nos biens. On pourra les voir dans Grotius, Puffendorf, mais sur-tout dans Burlamaqui, Tom. III. pag. 101. & suivantes ; où l'on verra aussi la conformité de nos principes avec les maximes de l'Evangile.

LEÇON XVIII.

Droit de Nécessité.

IL n'y a rien dont on parle tant que de la nécessité. Tout le monde en reconnoît le pouvoir. Elle nous force à obéir; elle force les Dieux mêmes, pour parler le langage d'un Sage du Paganisme (*). On dit qu'elle n'a point de loi, qu'elle est toujours tacitement exceptée dans tous les établissemens humains, & qu'elle donne droit de faire bien des choses, qui, hors des cas de nécessité, passeroient pour illégitimes (**). Il faut donc examiner avec soin, sur quoi est fondé ce droit, & jusqu'où il s'étend.

La nécessité extrême a ses lois qui dispensent de toutes les autres : elle autorise tout ce qui contribue à notre propre conservation & détruit tout ce qui s'y oppose. Elle est au-dessus de tous les réglemens établis par les hommes pour leur utilité particuliere & commune. C'est la nature

______

(*) Pittacus, Laertius in ejus vitâ.
(**) Cicero,

qui la revêt de ses propres forces ou plutôt qui en prend la forme, lorsqu'il faut absolument qu'elle agisse elle-même en notre faveur. Le soin que l'homme a naturellement pour sa propre conservation, & l'impossibilité où il est d'agir par un autre principe., fondent le droit de bienséance dans le cas d'une nécessité extrême. Ce n'est pas simplement un privilege, une faveur: c'est un droit formel & parfait. Le soin de défendre notre vie est d'obligation, & non pas simplement de permission.

Les lois humaines qui n'ont qu'une obligation empruntée & relative, ne peuvent pas renverser celles que la nature nous impose & qui sont fondées sur des principes généraux & inévitables. La nécessité jointe au droit qu'elle produit, subsiste dans toute sa vigueur, en quelqu'état que l'homme se trouve. Les dispositions accidentelles sont trop foibles pour les anéantir, on peut en empêcher les effets. Loin de faire l'exception, la nécessité rétablit la regle fondamentale du droit, & prive les lois postérieures de tout ce qu'elles ont de force, dès qu'elles s'écartent de leur but général & immuable.

L'homme ne peut, quand même il le voudroit, se soustraire à une obligation si essentielle, ni fermer l'oreille à cette voix

de la nature. Il doit être censé avoir per-
sisté dans la volonté fixe de s'y conformer, quelqu'engagement qu'il ait pris en
quittant l'état primitif. Il est obligé de
conserver son prochain, autant que cela
peut dépendre de lui, en vertu de la liaison naturelle ou arbitraire dans laquelle
il se trouve à son égard : mais chaque individu doit préférer sa propre conservation à celle d'autrui, parce que Dieu lui
en a confié le soin, & que chaque individu
rendra compte du dépôt qui lui a été
remis par le souverain Dispensateur.

Les devoirs envers nos semblables ne
sont qu'accidentels ou imparfaits, com-
parés à ceux qui regardent notre être
propre : ils supposent des occasions & des
facilités qui n'y sont pas inséparablement
attachées. Dans le cas où il faut de toute
nécessité, que de deux hommes l'un ou
l'autre périsse, il est indifférent, par rapport à la félicité générale des hommes,
lequel des deux soit conservé : il suffit à la
société humaine que l'un des deux soit
conservé. Le devoir de conserver les autres perd alors toute sa force, parce que
la raison en cesse. Mais l'obligation de se
conserver soi-même subsiste toujours.
C'est en vertu de cette obligation que
nous sommes tenus de nous sauver dans
l'extrémité du péril, plutôt que de sauver
les autres.

On reconnoît le cas de nécessité à cela, que les moyens ordinaires & aisés ne suffisent pas poûr notre conservation, mais qu'il faut en employer d'extraordinaires & de difficiles. La seule considération de notre propre bonheur, suffit pour connoître tous les cas de nécessité, sans qu'il soit besoin de distinguer si la chose nous regarde médiatement ou immédiatement; si elle intéresse notre personne, ou si elle concerne nos biens. Si la perte de nos biens emporte celle des moyens propres à nous soutenir, & par conséquent celle de la vie ou de quelque chose d'équivalent, la perte est dans le fond la même & ne manque pas de produire le même effet: sinon, ce n'est tout au plus qu'un grand avantage, qui n'en produit aucun.

On peut ranger les cas de nécessité sous deux classes générales. L'une est celle des cas où l'homme est contraint d'entreprendre sur lui-même ou sur son propre bien, & de se faire un mal, pour en éviter un plus considérable. Par exemple, lorsqu'un membre est attaqué d'un mal incurable qui pourroit gâter les parties saines & faire périr tout le corps, si on ne le coupoit; ou lorsqu'il est de notre intérêt de perdre une partie de notre bien pour sauver le reste. L'autre renferme les

cas

cas où notre propre conservation demande absolument qu'un autre en souffre, soit en sa personne, ou en ses biens. Par exemple, lorsqu'un homme se trouve dans un danger si pressant qu'il n'en peut échapper qu'en y précipitant un autre, quand même il en coûteroit à ce dernier la vie ou la fortune.

Dans tous les cas semblables à ceux que je viens de rapporter, on ne peut douter qu'à la rigueur il ne soit juste & permis d'outre-passer les réglemens particuliers faits pour d'autres circonstances, pourvu que celles que je suppose dans les cas expliqués s'y trouvent effectivement, & que la privation de ce dont la nécessité presse, soit moralement certaine & réelle (*).

Les lois de la nécessité forment un conflit, 1°. entre l'amour de soi-même & la sociabilité, dans les cas où le prochain y est intéressé, comme dans le cas d'une légitime défense, dont nous avons parlé dans la Leçon précédente. 2°. Entre les différens devoirs de l'amour propre & ceux de la sociabilité, lorsque les personnes, avec qui nous serions obligés d'agir autrement, si la nécessité ne nous faisoit violence, n'y sont point intéressées.

____

(*) Voyez Grotius, liv. II, chap. II.

3°. Entre les devoirs de cet amour de soi-même & ceux de la religion. Il est donc question de savoir en quel cas on peut faire ce que les lois défendent, ou se dispenser de ce qu'elles ordonnent, si l'on est réduit, sans y avoir contribué par sa faute, à une telle extrémité qu'on ne puisse, en obéissant aux lois, se garantir du péril dont on est menacé, soit en sa personne, soit en ses biens.

Pour établir avec quelque méthode les maximes générales qui doivent régler notre conduite dans les cas où notre nécessité influe, il faut distinguer entre les lois qui ont rapport à Dieu & celles qui ne concernent que les hommes.

Pour les lois qui ont rapport à Dieu, on doit observer ces deux regles : 1°. Toutes les fois qu'en faisant ou en ne faisant pas une certaine action, on témoigneroit quelque mépris pour l'être suprême, la loi qui défend ou qui ordonne cette action n'admet point l'exception des cas de nécessité. 2°. Si faire ou s'abstenir de faire une certaine action n'emporte aucun mépris pour la divinité, la loi qui défend ou qui ordonne d'ailleurs cette action, n'oblige pas indispensablement dans le cas d'une extrème nécessité, parce que la gloire de Dieu ne souffrant aucune atteinte, sa bonté infinie nous donne lieu de présumer qu'il ne veut pas nous aftreindre à expofer inutilement notre vie ou nos biens.

Quant aux lois qui ne concernent que les hommes, voici un principe propre pour décider tous les cas qui peuvent arriver. Toutes les fois qu'en faifant, par rapport à autrui, ou par rapport à foi-même, quelques actions d'ailleurs défendues, on trouve un moyen infaillible d'éviter un grand péril, fans qu'il en réfulte un mal ou plus grand ou même égal à celui dont on veut fe garantir, la loi fouffre l'exception des cas de néceffité. Mais elle ne les admet pas, fi l'exécution d'une pareille action n'eft pas un moyen infaillible d'éviter ce péril plus grand ou au moins égal. Par *moyens infaillibles*, j'entends ici ceux qui ont une liaifon naturelle & néceffaire avec l'éloignement du danger dont on eft menacé, & non pas une liaifon purement arbitraire qui dépend de la fantaifie de celui de qui vient la néceffité où il fe trouve. La grandeur du mal fe doit auffi mefurer phyfiquement, & l'on ne peut ni l'on ne doit comparer le mal moral qu'il y a de part & d'autre, puifque c'eft cela même qui eft en queftion. Pourvu que nous ne nous jettions pas volontairement ou par notre propre faute, dans le danger (ce qu'il faut toujours fuppofer ici,) les circonftances marquées ici fuffifent pour nous former une conjecture vraifemblable de la volonté de Dieu. La loi naturelle tend au bonheur du genre humain, & lorfqu'on peut fûrement fe délivrer d'un grand mal, en s'expofant à un moindre, on a raifon de choifir le dernier. Mais fi le mal qu'on embrafferoit, eft égal à celui dont on voudroit fe garantir, & qu'on ne puiffe d'ailleurs fe promettre infailliblement d'éviter par ce moyen le péril, rien ne difpenfe d'obéir.

La néceffité de fauver notre bien nous donne quelquefois le droit de gâter le bien d'autrui : 1°. Pourvu que ce ne foit pas par notre faute que notre bien court rifque de périr. 2°. Que ce ne foit pas pour conferver une chofe de moindre valeur que nous gâtons ou que nous détruifons le bien d'autrui. 3°. Qu'on dédommage entiérement le propriétaire, fi fans cela fon bien n'avoit dû courir aucun rifque, & qu'on paye une partie du dommage, fi notre bien a été fauvé, & que celui d'autrui eût dû périr ; à moins que le propriétaire prévoyant, ou devant prévoir cette néceffité, n'ait confenti à la perte de fon bien.

Le droit de néceffité eft fondé fur ce que dans le partage que les hommes ont fait des biens, on s'eft propofé d'éviter les difputes qu'excitoit la communauté

primitive, & d'animer l'induſtrie humaine, à la vue des beſoins auxquels chacun
ſeroit obligé de pourvoir pour ſoi-même ;
mais l'objet de ce partage n'a pas été que
jamais le bien d'un homme ne pût être
utile aux autres. On a voulu au contraire
que les hommes euſſent occaſion d'en faire
entr'eux un commerce de ſervices réciproques, utile au corps politique, &
qu'ils puſſent exercer réciproquement les
devoirs de l'humanité, au lieu qu'auparavant chaque homme ne pouvoit trouver
de recours que dans ſon propre travail.
Une ſuite du droit de propriété, c'eſt que
le propriétaire diſtribue & remet lui-
même entre les mains des autres, les
choſes mêmes qu'il eſt obligé de leur donner ; mais s'il ne veut pas ſatisfaire volontairement à l'obligation où il eſt à cet
égard, on peut dans un cas de néceſſité
prendre, malgré lui, la choſe qu'il eſt
tenu de donner, ſoit en employant la
voie de la guerre, ſi l'on eſt encore dans
l'indépendance de l'état de nature ; ſoit
en recourant au Magiſtrat, ſi l'on vit dans
une ſociété civile.

Tout membre d'une ſociété a droit de
vivre dans cette ſociété qu'il ſert ; & dans
le cas d'une extrème néceſſité, le droit ancien de ſe ſervir des choſes revit en quelque maniere, comme ſi elles étoient en-

core communes. Celui qui, se trouvant dans ce cas, prend la portion du bien d'autrui, dont il a besoin pour conserver sa vie, ne commet pas un véritable larcin ; il ne viole pas le droit naturel. Ce n'est pas que celui qui est dans le besoin, ait un droit parfait sur ce qu'il prend ; l'état de nature ne lui accorde qu'un droit imparfait fondé sur la loi de l'humanité, qui engage à assister ceux qui sont dans une extrême nécessité, lorsqu'on n'est pas soi-même dans le besoin : mais rien n'empêche que les lois civiles ne donnent à ce devoir naturel la force d'une obligation parfaite. De là vient que, parmi les Juifs, quiconque refusoit aux pauvres la part dont il étoit tenu de contribuer à leur entretien, pouvoit y être contraint par les Juges : aussi ce que les pauvres prenoient d'eux-mêmes, passoit pour un larcin.

Mais supposé que, dans un état où l'on n'a pas les mêmes prévoyances pour la subsistance des pauvres, une personne ne puisse ni fléchir par des prieres la dureté inexorable d'un propriétaire, ni trouver d'ailleurs ou de quoi acheter, ou de quoi gagner par son travail, les choses absolument nécessaires à la vie, faudra-t-il qu'elle meure de faim ? Y a-t-il donc aucun établissement humain si sacré & si inviolable, qu'il ne puisse être violé sans crime par un homme qui est prêt de périr, parce que les riches auxquels il s'adresse, pour en obtenir quelque secours, manquent inhumainement à leur devoir envers lui ? Pour moi, je ne saurois me persuader qu'un homme se rende coupable de larcin, lorsqu'étant réduit, sur-tout s'il n'y a pas de sa faute, à une extrême disette de nourriture ou de vêtemens, & n'ayant pu obtenir des autres, qui en ont en abondance, ni par prieres, ni par argent, ni en leur offrant son travail & son industrie, qu'ils lui fissent part de leur superflu dans une si pressante nécessité, il leur prend quelque chose ou en cachette ou de vive force. Car, si dans un cas de nécessité, on peut innocemment faire du mal aux autres, en leur personne, jusqu'à les mettre en danger de leur vie pour sauver la sienne propre ; à plus forte raison sera-t-il permis, en pareil cas, de prendre ou détruire même le bien d'autrui, qui est beaucoup moins considérable que la vie & que les membres.

Enfin, comme je tire le droit de nécessité, de ce que dans un pareil cas la communauté primitive de l'état de nature revit, je dis aussi que celui qui a pris le bien d'autrui, pressé d'une extrême nécessité, n'est pas tenu à la restitution. Car pendant que la communauté des biens subsistoit, personne n'étoit obligé de restituer ce qu'il avoit pris pour son usage, puisque rien n'appartenant à l'un plus qu'à l'autre, chacun avoit un droit égal de se servir de tout : en sorte que si un homme s'étoit saisi d'une plus grande quantité de choses qu'il n'en avoit absolument besoin pour lui-même, tout autre avoit un plein droit de lui enlever par force ce superflu, pour subvenir à une nécessité extrême. Voyéz sur cette Leçon Burlamaqui, Tom. III. pag. 257. & suiv. Puffendorf, Liv. II. chap. VI. Grotius loc. cit. &c.

LEÇON XIX.

Premier principe de la Sociabilité : l'égalité naturelle.

ON peut ranger sous deux classes générales tous les devoirs de la société : les uns sont des devoirs *primitifs* & *absolus* ; les autres sont des devoirs *dérivés* ou *conditionnels*. Les devoirs primitifs ou absolus sont ceux qui sont une suite nécessaire de la constitution naturelle, primitive & originaire de l'homme, telle

que, Dieu lui-même l'a établie, & qui ne
fuppofent rien de plus ; en forte que tout
homme eft obligé de les pratiquer envers
tout autre. Les devoirs dérivés ou conditionnels font au contraire ceux qui fup-
pofant quelque fait, ou quelque établiffement humain, n'obligent qu'en certaines
circonftances, & par rapport à certaines
perfonnes. Ainfi, avant l'établiffement de
la propriété des biens, il n'y avoit point
de larcin proprement dit ; mais après cet
établiffement humain, le larcin eft regardé
comme défendu par le droit naturel.

Les devoirs primitifs & abfolus font
comme le fondement & le principe des
autres ; & ceux-ci ne font proprement
qu'une application des premiers aux différentes circonftances de la vie & aux différens états de l'homme. Car comme les états
primitifs de l'homme, font le fondement
& le principe des états acceffoires ; ainfi
les devoirs primitifs qui appartiennent aux
premiers états, doivent auffi être le fondement & le principe des devoirs dérivés
ou conditionnels, qui font ceux qui fuivent naturellement l'établiffement des états
acceffoires.

Mais, comme l'égalité naturelle eft la
bafe de tous les devoirs de la fociabilité,
il convient d'en expliquer la nature & les
fondemens.

L'on remarque que la nature humaine est la même dans tous les hommes. Ils ont tous une même raison, les mêmes facultés, un seul & même but; naturellement tous indépendans les uns des autres, & tous dans une égale dépendance de l'empire de Dieu & des lois naturelles. *Una omnes continet definitio : ut nihil sit uni tam simile, tam par, quàm omnes inter nosmet sumus.*

Cela étant, il s'enfuit que c'est une maxime fondamentale du droit naturel, que chacun doit estimer & traiter les autres hommes comme lui étant naturellement égaux, c'est-à-dire, comme étant hommes aussi-bien que lui. Car, chacun ayant un droit parfait de prétendre qu'on le regarde & qu'on le traite comme un homme, quiconque agit autrement avec un autre, lui fait une véritable injure & viole la loi de nature, en agissant contre la nature des choses. C'est-là un devoir qui a pour fondement un état immuable, savoir celui où les hommes se trouvent précisément en tant qu'hommes, & qui par conséquent est d'une obligation générale, constante & perpétuelle. De sorte que, malgré toutes les inégalités extérieures & accidentelles, produites par le changement & la diversité des états nécessaires, les droits de l'égalité naturelle subsistent toujours invariablement, & conviennent à chacun par rapport à tout autre, de quelque condition qu'il soit.

Voici donc proprement en quoi consiste l'égalité dont il s'agit : c'est que tous les hommes ont un droit égal à la société & au bonheur, tellement que, toutes choses d'ailleurs égales, les devoirs de la sociabilité imposent à tout homme envers tout autre une obligation également forte & indispensable, & qu'il n'y a aucun homme au monde qui puisse raisonnablement s'attribuer quelque prérogative à cet égard au-dessus des autres. Et en effet, puisque nous avons tous une même nature, & que nous sommes tous également soumis aux lois divines, sur quel fondement quelqu'un pourroit-il prétendre s'affranchir lui-même de ces lois, & assujettir les autres à les observer par rapport à lui ? Un homme qui oseroit manifester de pareils sentimens, ne pourroit aussi que se rendre extrêmement odieux à tous les hommes, & leur donner lieu par-là de rompre tout commerce avec lui ; ce qui détruiroit toute confiance & tous services réciproques.

Il faut bien remarquer que l'égalité dont nous parlons, & qui est le fondement des devoirs réciproques, est proprement une égalité de droit, & non pas une égalité de fait ou de force, qui ont leur source dans l'inégalité des pouvoirs physiques & dans une multitude d'événemens accidentels, dont le cours est indépendant de nos volontés : ainsi dans quelque situation que nous supposions les hommes, nous ne pourrons jamais rendre leurs conditions physiques égales, à moins que changeant les lois de la nature, nous ne rendions égaux pour chacun d'eux, les pouvoirs physiques & les accidens. Les hommes sont donc tous égaux : la société humaine est une société d'égalité, non-seulement parce que tous les hommes y sont également obligés à pratiquer les lois naturelles : mais encore parce qu'ils y jouissent tous d'une égale liberté, & qu'ils sont indépendans les uns des autres. Tous ont les mêmes droits, tous ont les mêmes devoirs : De ce grand principe de l'égalité naturelle nous tirerons d'abord quelques conséquences fort importantes.

La premiere, c'est que ces Supérieurs qui traitent ceux qui leur sont soumis, d'une maniere dure, inhumaine ou barbare, pechent manifestement contre le devoir fondamental de l'égalité. L'Empereur Trajan, dit Pline, « se regardoit » comme un de ses propres sujets, en » cela d'autant plus grand & plus élevé » au-dessus de tous, qu'il ne se distinguoit

» point d'eux dans l'idée qu'il se faisoit de
» lui-même : il se souvenoit toujours, &
» qu'il étoit homme, & qu'il comman-
» doit à des hommes. » (*)

La seconde, c'est que quiconque veut
que les autres s'emploient à lui faire
quelque plaisir, doit à son tour tâcher de
leur être utile, Car prétendre se dispenser
de rendre aucun service aux autres, pendant qu'on en exige de leur part, c'est
supposer qu'il y ait entr'eux & nous de
l'inégalité,

La troisieme, c'est que quand il s'agit
de régler les droits communs à plusieurs
personnes, on doit les traiter également
aussi long - temps qu'aucune d'elles n'a
point acquis quelque droit particulier. En
violant cette maxime par une honteuse
acception de personnes, on fait en même
temps une injustice & un outrage à ceux
que l'on rabaisse sans sujet au-dessous des
autres, puisqu'on ne leur rend pas ce qui
leur est dû, & qu'on les prive d'ailleurs
d'un honneur que la nature elle-même
leur donnoit.

La quatrieme enfin, c'est que l'orgueil
doit être considéré comme un vice directement contraire au devoir de l'éga-

---

(*) Plin. Panég. chap. II. n. 4.

lité. L'orgueil consiste à s'estimer soi-même plus que les autres, ou sans aucune raison, ou sans une raison suffisante, & en conséquence de cette prévention, à les méprifer, comme étant au-deffous de nous. Cette passion eft fort oppofée à la véritable générosité & à la grandeur d'ame, comme l'a très-bien montré le grand Defcartes. Une des principales parties de la fageffe, dit-il, eft de favoir comment & pour quelle raifon chacun doit s'eftimer ou fe méprifer lui-même. Or je ne vois en nous qu'une feule chofe qui puiffe nous fournir un jufte fujet de nous eftimer : c'eft le bon ufage de la volonté, & l'empire que nous exerçons fur nos déterminations ; car il n'y a que les actions qui dépendent de nous, qui puiffent ou qui doivent nous mériter des louanges ou du blâme. Ainfi la véritable grandeur d'ame, qui fait que l'on s'eftime autant qu'on peut légitimement, confifte en partie à être convaincu que la feule chofe qui nous appartient véritablement, eft cette libre difpofition de nos volontés, & qu'il n'y a que le bon ou le mauvais ufage qu'on en fait, dont on puiffe être loué ou blamé ; en partie à fentir en foi-même une ferme & conftante réfolution d'en bien ufer.

Rien n'eft plus contraire à l'égalité naturelle que de témoigner du mépris pour

quelqu'un par quelque figne extérieur,
comme font les actions offenfantes, les
paroles injurieufes, un air ou un rire mo-
queur, &c. Ces fortes d'infultes font
d'autant plus criminelles, qu'elles irritent
furieufement ceux à qui on les fait, &
qu'elles les enflamment d'un ardent défir
de vengeance; en forte qu'on voit bien
des gens qui rompent entiérement avec
l'offenfeur, & qui vont jufqu'à expofer
leur vie aux plus grands périls, plutôt que
de laiffer l'affront impuni. Voyez fur cette
Leçon Puffendorf, Liv. III. chap. II. Burlamaqui, Tom. III. pag. 283. & fuiv.

LEÇON XX.

*Ne faire du mal à perfonne: obligation de
réparer le dommage qu'on a caufé; premiere loi de la fociabilité.*

LA premiere loi générale de la fociabilité, c'eft de ne faire du mal à perfonne, & par conféquent de réparer celui
qu'on a caufé. C'eft ici une loi abfolue
& générale; car c'eft une conféquence
de l'égalité naturelle; & comme nous
fommes en droit d'exiger des autres hommes qu'ils ne nous faffent aucun mal,

nous devons convenir qu'ils ont le même
droit par rapport à nous.

C'est aussi la plus nécessaire ; puisque
sans cela la société ne sauroit subsister,
& que d'un état de paix, on tomberoit
dans un état antisociable & de guerre.
En effet, quand même on ne recevroit
aucun bien d'une personne, & qu'elle ne
daigneroit pas faire avec nous une espece
d'échange des services les plus communs,
on ne laisseroit pas pour cela de pouvoir
vivre avec elle paisiblement, tant qu'elle
ne nous auroit fait aucun mal ; c'est même
tout ce qu'on souhaite ordinairement de
la plupart des hommes, les commerces
d'offices, de bienfaits ne s'étendant guere
qu'à un petit nombre de gens.

Enfin, ce devoir est encore le plus facile
dans l'exécution ; car il consiste pour l'ordinaire à s'abstenir d'agir, ce qui est très-fa-
cile. Il est plus facile en effet de s'abstenir
de toute mauvaise action, que de faire quelque bonne action des moins importantes :
*Tu ne tueras point : tu ne commettras point
d'adultere : tu ne déroberas point*, &c. Pour
s'empêcher de violer ces sortes de lois,
il ne faut que demeurer en repos &
dans l'inaction ; ce qui ne coûte guere ;
à moins qu'on ne se soit livré sans rete-
nue à des passions violentes que la raison

condamne, sur-tout aux désirs injustes &
déréglés d'un amour-propre excessif.

La maxime que nous recommandons
tend donc à mettre en sûreté notre vie,
notre personne, notre honneur, nos biens,
& tout ce qui nous appartient légitimement : c'est-à-dire, non-seulement ce que
nous tenons immédiatement de la nature,
mais encore tout ce que nous avons acquis
en vertu de quelque convention ou de
quelque établissement humain, qui sans
cela deviendroient entiérement inutiles.
Ainsi, à quelque titre qu'une chose nous
appartienne légitimement, il est défendu
aux autres, en vertu de cette maxime,
de nous l'enlever, de la gâter, de l'en-
dommager, & de nous en ôter l'usage,
ou en tout ou en partie ; défense qui se
trouve aussi renfermée dans plusieurs maximes affirmatives, en tant qu'elles condamnent tacitement le contraire de ce
qu'elles prescrivent.

Cela supposé, il s'ensuit nécessairement, que si l'on a fait du mal, ou causé
du dommage à autrui, de quelque maniere que ce soit, il faut le réparer autant qu'il dépend de nous. Autrement, en
vain la loi naturelle défendroit-elle toute
action nuisible à autrui, si l'on n'étoit
obligé à aucune réparation à cet égard.
D'ailleurs, sans la nécessité de réparer le

dommage, les méchans ne cesseroient jamais de faire du mal aux autres; & tant que la personne lésée n'auroit point obtenu de réparation, elle ne pourroit guere se résoudre à vivre paisiblement avec l'auteur du dommage.

La nécessité de réparer le dommage est si indispensable, qu'il n'y a point de condition, quelque élevée qu'elle soit, qui en exempte. Les Rois y sont tenus envers leurs sujets aussi bien que le moindre particulier; & ils doivent s'acquitter de cette obligation avec d'autant plus de soin, qu'ils peuvent impunément s'y soustraire. Voyez les exemples que Grotius en donne, Liv. II. ch. XVII. §. 20. Liv. III. ch. XVII. §. 2. n. 6.

Mais pour traiter de la réparation du dommage méthodiquement, il faut remarquer qu'on peut causer du dommage à autrui en plusieurs manieres; 1°. ou par un fait positif & de commission, comme dans le vol, ou par l'omission d'une chose à laquelle on étoit obligé, comme lorsque l'on n'empêche pas un mal que l'on pouvoit ou devoit empêcher. 2°. L'on peut causer du dommage à quelqu'un, non-seulement à l'égard des biens du corps, mais encore à l'égard des biens de l'ame, en négligeant d'éclairer son esprit, ou de former le cœur des personnes dont la di-

rection nous étoit commise, & à plus
forte raison si on le jette dans l'erreur
ou dans le vice. 3°. On peut causer du
dommage à quelqu'un, ou de propos délibéré & par malice, ou par une simple
faute, ou même par un cas fortuit (*dolo,*
vel culpâ, vel casu fortuito.) 4°. Enfin le
dommage est causé ou par une seule personne ou par plusieurs.

Cela supposé, pour bien comprendre
la nature de l'obligation où l'on est de réparer le dommage, il faut établir ces trois
conditions générales. 1°. Que le mal qu'on
a fait à quelqu'un, soit défendu par quelque loi. 2°. Qu'il y ait de notre faute,
ou directement ou indirectement. 3°. Enfin, que celui qui reçoit le dommage n'y
consente point.

Ainsi l'on n'est obligé à aucune réparation pour le mal que l'on peut avoir
fait à un injuste agresseur, dans les termes de la juste défense de soi-même. Que
s'il n'y a pas de notre faute, bien loin
que nous soyons obligés à quelque réparation, le fait ne doit pas même nous être
imputé. Enfin, si l'on a causé du dommage à quelqu'un de propos délibéré &
par malice, on est sans difficulté obligé à le
réparer, puisque c'est un véritable crime.
Que si le mal causé à quelqu'un, n'est produit que par une simple faute, on en dis-

tingue de trois especes ; savoir, une faute
grossiere, *lata culpa* ; une faute légere,
levis culpa ; une faute très-légere, *levissima
culpa*. Or de quelque nature que soit cette
faute, on est toujours tenu de dédommager les intéressés, lors même que cette
faute ne seroit que très-légere. La raison
en est, que la société exige que nous nous
conduisions avec autant de circonspection,
que notre commerce n'ait rien de dangereux pour les hommes. Et d'ailleurs, il est
sans contredit plus juste que l'auteur du
dommage en supporte la perte, quelque
légere que soit sa faute, que de la faire
retomber sur celui à qui le dommage a
été fait, & à qui on ne sauroit reprocher
aucune faute.

Enfin, si l'on fait du mal à quelqu'un
par un cas purement fortuit, & sans qu'il
y ait de notre faute, on n'est obligé à
aucune réparation. Car alors celui qui
cause le dommage n'en étant que l'occasion innocente, & n'y ayant contribué en
aucune maniere dont il soit responsable,
pourquoi devroit-il supporter la perte
plutôt que celui sur qui elle tombe par
l'effet d'un pur malheur ?

Mais il faut bien remarquer ici la restriction, *sans qu'il y ait de notre faute ;* car
lorsque le cas fortuit est une suite de quelque imprudence, de quelque négligence

ou de quelque faute, on doit indifpenfa-
blement réparer le dommage ; l'obligation de le réparer étant alors l'effet de la
faute plutôt que du cas fortuit. Voyez
Domat, *Lois civiles*, &c. I. P. Liv. II.
Tit. IX.

Si plufieurs perfonnes ont eu part au
dommage caufé à quélqu'un, voici les
principes fur lefquels il faut juger de l'o-
bligation où elles font de réparer le dommage. 1°. Quelquefois les uns font la
caufe principale du dommage, & les autres n'en font que la caufe fubalterne : ou
bien tous marchent d'un pas égal ; & alors
ils font caufes collatérales. Les caufes principales du dommage en font refponfables
les premieres : les caufes fubalternes viennent enfuite. 3°. Que fi le dommage a été
produit par des caufes collatérales, elles
font toutes également obligées à la réparation. Voyez le développement de ces
principes dans BURLAMAQUI, Tom. III.
pag. 329. & fuiv.

Quant à l'eftimation du dommage, il
faut non-feulement eftimer le mal préfent,
mais encore celui qui en eft une fuite néceffaire. Ainfi qu'elle tombe non-feulement fur la chofe même, qui nous appartenant ou nous étant due, fe trouve en-
dommagée, détruite, enlevée ou fouf-
traite par quelqu'un ; mais encore fur les

fruits qui en proviennent, soit qu'on les
eût déjà recueillis, soit que n'étant pas
encore en nature, le propriétaire eût lieu
de s'attendre à les percevoir ; bien entendu toujours que, pour ne pas s'enrichir
aux dépens d'autrui, on déduise préalablement les frais qui ont été nécessaires pour
la récolte. Il faut encore avoir égard aux
fruits civils, comme on parle. Par exemple,
si on met le feu à une maison, on est
tenu non - seulement de la faire rebâtir,
mais encore de dédommager le propriétaire des revenus & de la rente qu'il en
auroit tiré pendant tout ce temps-là. Voy.
sur la réparation du dommage Grotius,
Liv. II. chap. XVIII. & Liv. II. chap. IX.
Puffendorf, Liv. III. chap. I. §. VII. &
suiv. mais sur-tout Domat, *Lois civiles*, &c.
I. Part. Liv. II. Tit. VII. VIII. & IX.

LEÇON XXI.

Devoirs communs de l'humanité : seconde loi
générale de la sociabilité.

LES devoirs dont nous avons parlé
jusqu'ici, ne suffisent pas pour remplir tout ce que la société exige de nous ;
il faut outre cela faire du bien aux autres
hommes. C'est donc une seconde loi gé-

nérale de la fociabilité, que chacun doit
contribuer autant qu'il le peut commodé-
ment, à l'avantage & au bonheur d'autrui. Cette loi eft auffi une fuite naturelle de l'égalité. Car chacun fouhaite
non-feulement que les autres ne lui faffent
aucun mal, mais encore qu'ils lui procu-
rent, dans l'occafion, le bien qui dépend
d'eux. Il doit donc, par un jufte retour,
être dans les mêmes difpofitions à leur
égard, & les effectuer dans l'occafion.

Les Jurifconfultes partagent les devoirs
de la fociabilité en deux claffes, favoir,
en *parfaits & imparfaits*. Les premiers font
ceux dont la pratique eft abfolument néceffaire à la confervation du genre humain & au maintien de la fociété. Au
contraire, ceux de la feconde claffe ne
font pas d'une néceffité fi abfolue, mais
ils rendent la fociété plus commode &
plus avantageufe : tels font la libéralité,
la bénéficence, la reconnoiffance, l'hof-
pitalité, &c.

Cette diftinction répond affez bien au
but de la légiflation humaine, qui eft
d'empêcher le mal, & de procurer par là
la paix de la fociété ; mais elle eft abfurde
dans la légiflation naturelle dont le but
eft de rendre les hommes vertueux. Car
fi les hommes font hommes, s'ils agiffent
en créatures raifonnables, s'ils veulent

fe conformer à ce que demande leur nature, ou plutôt celui de qui ils la tiennent, s'ils penfent à fe montrer dignes
membres de cette fociété univerfelle dont
Dieu eft l'auteur & le protecteur ; il faut
abfolument qu'ils foient religieux obfer-
vateurs de la juftice, mais non pas de la
juftice toute feule. Il y a d'autres vertus
qui, pour être à l'abri de toute contrainte
& de toute fanction humaine, n'en font
pas moins d'une obligation indifpenfable
& rigoureufe ; & même d'autant plus forte
que l'exercice en eft libre, puifque celui
qui l'impofe, compte par là davantage
fur la difpofition où l'on eft de s'en acquitter. Oui, l'humanité, la compaffion,
la charité, la bienfaifance, la libéralité,
la générofité, la patience, la douceur,
l'amour de la paix, ne font ni de vains
noms, ni des chofes indifférentes ; mais
des devoirs auffi rigoureux & auffi parfaits fuivant la légiflation naturelle, que
ceux qui regardent la juftice proprement
dite.

Confultons en effet le grand principe
de l'égalité naturelle, qui eft le fondement de la fociété univerfelle. Ne fom-
mes-nous pas bien aifes de recevoir ces
offices d'humanité dans le befoin, & de
voir les autres s'en acquitter avec tout cet
empreffement qui eft une marque non

équivoque

équivoque des vrais fentimens de la nature? Et pourquoi ne nous croirons-nous
pas rigoureufement obligés d'en faire autant vis-à-vis des autres? Les Magiftrats,
dit-on, ne châtient point ceux qui ne s'en
acquittent pas. Mais les Magiftrats ne
veillent qu'au maintien de la fociété civile, qui n'eft qu'un fait humain. Or avant
l'établiffement de la fociété civile, il y
avoit la fociété naturelle qui ne pouvoit
point fubfifter fans l'accompliffement des
devoirs de l'humanité, qu'on appelle devoirs imparfaits & non rigoureux. A
moins donc qu'on ne dife que la fociété
civile ait rompu la fociété naturelle, il
faut regarder les devoirs de cette derniere pour le moins auffi rigoureux que
ceux de l'autre. Regardera-t-on, par
exemple, avec autant d'horreur un ouvrier qui aura travaillé infidellement pour
un homme riche, que celui-ci lorfqu'il
montre un cœur inacceffible à la compaffion pour une malheureufe famille qui
manque du néceffaire à la vie, & qui le
prie de lui accorder une petite portion
de ce qu'il prodigue aux chiens, aux che-
vaux, &c. Cependant, fuivant la diftinction des Jurifconfultes, le premier eft
tenu à dédommager la perfonne pour laquelle il a travaillé infidellement, & le
riche n'a point fait d'injure à la malheu-

reufe famille, lorfqu'il lui a refufé tout fecours, tandis qu'il a révolté l'humanité entiere. Jéfus-Chrift lui-même, ce Commentateur infaillible des obligations naturelles, nous a févérement menacés de la mort éternelle, fi nous ne nous acquittons pas des devoirs de l'humanité, que dans la Jurifprudence civile on appelle devoirs imparfaits & non rigoureux. Voy. le chap. XXV. de St. Matthieu, v. 34. jufqu'à la fin.

Je vais encore plus loin. Je dis que la loi naturelle nous ordonne très-rigoureufement de nous acquitter des devoirs de l'humanité, même vis-à-vis de ceux qui ne s'en acquittent pas à notre égard, qui nous font du mal, en un mot de nos ennemis. Car la loi naturelle nous ordonne de faire du bien aux autres; & elle ne nous en difpenfe point lorfque les autres n'en agiffent pas de même vis-à-vis de nous. Ce qui feroit une vengeance proprement dite, très-rigoureufement défendue par la loi naturelle.

Mais, dit-on, la loi naturelle nous autorife de recourir à la force contre ceux qui en veulent à notre vie, à notre honneur, à nos biens. Donc elle ne nous ordonne pas de nous acquitter des devoirs de l'humanité vis-à-vis de ceux qui nous font du mal.

équivoque des vrais ſentimens de la nature? Et pourquoi ne nous croirons-nous
pas rigoureuſement obligés d'en faire autant vis-à-vis des autres? Les Magiſtrats,
dit-on, ne châtient point ceux qui ne s'en
acquittent pas. Mais les Magiſtrats ne
veillent qu'au maintien de la ſociété civile, qui n'eſt qu'un fait humain. Or avant
l'établiſſement de la ſociété civile, il y
avoit la ſociété naturelle qui ne pouvoit
point ſubſiſter ſans l'accompliſſement des
devoirs de l'humanité, qu'on appelle devoirs imparfaits & non rigoureux. A
moins donc qu'on ne diſe que la ſociété
civile ait rompu la ſociété naturelle, il
faut regarder les devoirs de cette derniere pour le moins auſſi rigoureux que
ceux de l'autre. Regardera-t-on, par
exemple, avec autant d'horreur un ouvrier qui aura travaillé infidellement pour
un homme riche, que celui-ci lorſqu'il
montre un cœur inacceſſible à la com-
paſſion pour une malheureuſe famille qui
manque du néceſſaire à la vie, & qui le
prie de lui accorder une petite portion
de ce qu'il prodigue aux chiens, aux che-
vaux, &c. Cependant, ſuivant la diſtinction des Juriſconſultes, le premier eſt
tenu à dédommager la perſonne pour laquelle il a travaillé infidellement, & le
riche n'a point fait d'injure à la malheu-

reufe famille, lorfqu'il lui a refufé tout fecours, tandis qu'il a révolté l'humanité entiere. Jéfus-Chrift lui-même, ce Commentateur infaillible des obligations naturelles, nous a févérement menacés de la mort éternelle, fi nous ne nous acquittons pas des devoirs de l'humanité, que dans la Jurifprudence civile on appelle devoirs imparfaits & non rigoureux. Voy. le chap. XXV. de St. Matthieu, v. 34. jufqu'à la fin.

Je vais encore plus loin. Je dis que la loi naturelle nous ordonne très-rigoureufement de nous acquitter des devoirs de l'humanité, même vis-à-vis de ceux qui ne s'en acquittent pas à notre égard, qui nous font du mal, en un mot de nos ennemis. Car la loi naturelle nous ordonne de faire du bien aux autres; & elle ne nous en difpenfe point lorfque les autres n'en agiffent pas de même vis-à-vis de nous. Ce qui feroit une vengeance proprement dite, très-rigoureufement défendue par la loi naturelle.

Mais, dit-on, la loi naturelle nous autorife de recourir à la force contre ceux qui en veulent à notre vie, à notre honneur, à nos biens. Donc elle ne nous ordonne pas de nous acquitter des devoirs de l'humanité vis-à-vis de ceux qui nous font du mal.

Remarquons, avant que de répondre
à cette objection spécieuse, que la vie,
l'honneur, les biens ne sont pas à nous;
nous n'en sommes que les dépositaires :
nous devons les conserver à leur véritable maître qui nous en fait une loi souveraine. C'est parler bien improprement
que de dire que nous avons un droit parfait sur la vie, sur l'honneur, sur les biens;
car nous n'y en avons point, les tenant
de Dieu, & les conservant en son nom.
Ainsi, si la loi naturelle nous ordonne de
repousser un injuste agresseur, c'est parce
que par une loi suprême, par une loi qui
doit précéder celles de la sociabilité, nous
sommes rigoureusement obligés à conserver nous-mêmes, & à défendre à main
armée tout ce qui peut contribuer à cette
même vue.

Mais comme ceux qui nous refusent les
devoirs de l'humanité, qui nous haïssent,
qui nous font même des injures légères,
sans en vouloir à notre vie, à notre honneur, à notre bien; en un mot, nos ennemis ne s'opposent point à ce que nous
nous devons à nous-mêmes; lorsque l'occasion s'en présente, nous sommes rigoureusement obligés de leur rendre les devoirs de l'humanité. Car dans ce cas point
de milieu entre l'accomplissement de nos
devoirs & la vengeance. Or la vengeance

nous eft rigoureufement défendue par la loi naturelle, dont l'accompliſſement des devoirs de l'humanité nous eft rigoureuſement ordonné. Voilà la conformité parfaite de la loi naturelle avec les préceptes de l'Evangile, qui nous ordonne de faire du bien à ceux qui nous haïſſent, d'aimer nos ennemis; conformité que les Moraliſtes anciens & modernes ont cherchée fans fuccès.

Concluons donc, que la diftinction des devoirs en devoirs parfaits & rigoureux, & en devoirs imparfaits & non rigoureux, a pu avoir beaucoup d'influence fur la corruption des mœurs; car elle nous a rendus attentifs à ce que la force nous ordonne, & nous a étouffé les fentimens du cœur. L'éducation ordinaire fe conforme parfaitement bien au jargon des Jurifconfultes à cet égard, & l'on fe met fort peu en peine de développer dans la jeuneſſe les fentimens de la nature; & l'on ne fait guere attention, « com-
» bien peu de chofe c'eft que de n'être
» homme de bien qu'autant que les lois
» (*civiles*) l'exigent; combien plus loin
» s'étend la regle de nos devoirs que celle
» du droit; combien de chofes l'affection
» naturelle, l'humanité, la libéralité,
» la juftice, la bonne foi demandent;
» fur quoi il n'y a rien dans les lois

» civiles (*). » Les lois civiles ne forment
que le bon citoyen; c'eſt aux lois naturelles qu'il appartient de former l'honnête
homme. Or dire que les devoirs de l'humanité ne nous obligent pas rigoureuſement,
& qu'ils ne ſont pas des devoirs parfaits,
c'eſt la même choſe que de dire que nous
ne ſommes pas obligés rigoureuſement
d'être vertueux & des honnêtes hommes. Maxime horrible dans la ſcience des
mœurs. Mais entrons dans quelque détail.

On peut faire du bien aux autres, ou
d'une maniere indéterminée & générale,
ou d'une maniere déterminée & particu-
liére. On fait du bien à autrui d'une maniere indéterminée, lorſque l'on prend
ſoin de cultiver les facultés de ſon eſprit
& d'entretenir les forces de ſon corps, pour
être en état dans l'occaſion de ſervir uti-
lement les autres hommes; ou en inven-
tant par ſon induſtrie dès choſes qui ſervent à augmenter les commodités de la
vie. Pour y réuſſir, il faut avoir inceſſam-
ment devant les yeux cette maxime judi-
cieuſe d'un Ancien : « La choſe la plus
» importante dans tous le cours de la vie,
» c'eſt de ne pas croire ſavoir ce que l'on
» ignore; & de chercher toujours à s'inſ-

(*) Seneque, *de Ira*, Lib. II. cap. XXVII.

» truire (*). » Ainſi ces perſonnes pé-
chent évidemment contre les lois de la
ſociété, qui n'embraſſent aucune profeſ-
ſion honnête, & ſe livrent à l'oiſiveté. Il
faut en dire autant de ces perſonnes, qui
contentes d'une naiſſance diſtinguée, &
des biens que leur ont laiſſés leurs ancê-
tres, croient qu'il eſt indigne d'eux de travailler par leur application à ſe rendre
utiles au genre humain. Mais au contraire,
ceux qui font leurs efforts pour ſe rendre
utiles aux autres, méritent par cela même
d'être loués & encouragés. Les Anciens
ont même déifié pluſieurs perſonnes, pour
avoir contribué à rendre la vie plus com--
mode par quelque invention utile, ou
quelque établiſſement ſalutaire.

On fait du bien à autrui d'une maniere
déterminée, lorſque l'on accorde à certaines perſonnes en particulier quelque
choſe d'où il leur revient quelqu'avantage. Ainſi l'on peut faire du bien aux
autres hommes, ou par rapport à leur
perſonne, ou par rapport à leur fortune, ou par rapport à leur réputation,
ou par rapport à leur eſprit, en les formant à la ſageſſe & à la vertu. Cette
bénéficence a pluſieurs degrés. Nous pouvons quelquefois l'exercer ſans qu'il nous

____

(*) Columel, *de Re ruſtica*, Lib. XI. cap. I.

en coûte rien, ou que nous en recevions quelque incommodité ; & c'est ce que l'on appelle des *services d'une utilité innocente*; par exemple, laisser boire quelqu'un dans une eau courante ; donner des conseils sinceres à quiconque nous en demande ; remettre dans le chemin une personne qui s'égare ; ne pas détruire une chose dont on a de reste, mais la laisser en état de servir à d'autres ; faire de petites aumônes aux pauvres ; recevoir les étrangers avec courtoisie, &c. On ne peut refuser ces sortes d'offices sans une souveraine inhumanité.

Mais il y a une maniere plus noble & plus éclatante de faire du bien, qui seule remplit toute l'étendue de nos devoirs, & qui mérite proprement le nom de *bénéficence*. Elle consiste à faire gratuitement en faveur de quelqu'un quelque chose qui demande ou de la dépense ou des soins pénibles, pour lui procurer quelque avantage considérable. Cette générosité est un sentiment que la nature elle-même a formé, pour serrer plus étroitement les nœuds de la société. Les cœurs bien faits éprouvent le plaisir le plus doux à rendre service, parce qu'ils ne font que suivre en cela la pente que la nature leur a imprimée. Cette vertu est d'autant plus estimable, qu'elle est libre dans la société civile, &

que pour l'exercer il faut fe dépouiller d'un bien auquel les hommes font extrêmement attachés. Mais fi elle eft libre par rapport au tribunal humain, elle ne l'eft pas certainement dans celui de l'Auteur de la Nature, qui pour nous en faire fentir la néceffité, nous a fait avec un penchant très-fort à l'exercice de cette vertu, difpofition dont nous découvrons des marques même chez ies bêtes.

Cependant, quelque naturelle que foit l'inclination à faire du bien, & quelque rigoureufe qu'en foit l'obligation fuivant la légiflation naturelle; elle doit toujours être dirigée par la prudence & par la raifon. Voici donc les ménagemens qu'elle exige.

1°. Il faut prendre garde que le bienfait ne tourne au préjudice de celui à qui on veut le faire, ou à celui de quelqu'autre; autrement la bénéficence dégénéreroit en une lâche complaifance, une adulation pernicieufe, ou même une fouveraine injuftice. Ainfi, quand Sylla ou Céfar ôtoient les biens à ceux à qui ils appartenoient, pour les donner à des étrangers, ce n'étoit rien moins que libéralité; car il n'y en a point où il n'y a point de juftice. Comme on vouloit obliger Phocion à fe cotifer pour un bienfait, *demandez, dit-il, aux riches; car pour moi, j'aurois*

*honte de vous donner, avant que Callicles,
que voilà, ait été payé.* C'étoit un Banquier à qui il devoit. (*)

2°. Il faut proportionner ses libéralités à son état & à ses facultés; autrement il y auroit une espece d'injustice envers notre famille. Il arrive même quelquefois qu'une libéralité mal réglée porte à prendre le bien d'autrui, pour avoir de quoi l'exercer.

3°. Enfin, dans l'exercice de la bénéficence, il faut avoir égard au mérite des personnes & aux relations plus ou moins particulieres que nous avons avec elles: c'est ce qui doit décider de la préférence. Et 1°. la vertu mérite par elle-même une grande considération, & elle ajoute beaucoup au droit naturel que les hommes ont à notre bénéficence. 2°. Il faut faire attention aux sentimens que les autres ont pour nous, sur-tout aux services que nous pouvons en avoir reçus; car alors l'obligation en est plus forte: 3°. aux différens degrés de liaison qui nous unissent à eux: la plus générale est celle que forme l'humanité: ensuite vient celle qui est entre ceux qui font d'une même nation; puis entre les citoyens d'une même ville, entre

____

(*) Plutarch. in Phoc.

les membres d'une même famille, entre des amis particuliers, &c. 4°. Toutes circonstances d'ailleurs égales, il faut considérer le besoin plus ou moins pressant de chacun. 5°. Enfin, la maniere d'exercer la bénéficence releve beaucoup le prix des bienfaits, comme, lorsqu'on rend service d'un air joyeux & empressé, & avec des témoignages de bienveillance. On trouve sur cette excellente vertu quantité de beaux préceptes dans les écrits des Philosophes ; & nous en avons entr'autres un Traité exprès de Séneque.

A la libéralité & à la bénéficence doit naturellement répondre *la reconnoissance*. La reconnoissance est cette vertu par laquelle celui qui a reçu un bienfait témoigne avec plaisir qu'on l'a sensiblement obligé, s'intéresse à tout ce qui regarde son bienfaiteur, cherche les occasions de lui rendre la pareille, & le fait effectivement autant qu'il le peut, lorsqu'elles se présentent. Faisons sentir la nécessité & la justice de ce devoir.

On peut remarquer que si la nature elle-même nous porte à l'amour des autres hommes, & à leur faire du bien, ce sentiment se développe encore d'une maniere beaucoup plus forte par rapport à ceux de qui nous avons reçu quelques bienfaits. Ces sentimens étant absolument néceſſaires au bonheur de la ſociété, la raiſon en reconnoît ſans peine la juſtice ; & ils deviennent auſſi pour nous des devoirs indiſpenſables. En effet, ſi nous devons, en conſéquence des ſeules liaiſons de l'humanité, aimer les autres hommes, & leur faire du bien, à combien plus forte raiſon la loi naturelle nous impoſe-t-elle ces devoirs à l'égard de ceux qui nous ont prévenus, par leurs bienfaits ? L'égalité naturelle prouve encore la néceſſité de la reconnoiſſance. Si je me crois en droit d'exiger des autres hommes qu'ils me faſſent du bien, je leur accorde par cela même le droit de retour. Prétendre s'affranchir de la loi de la reconnoiſſance, c'eſt ſe déclarer indignes des bienfaits des autres hommes.

La reconnoiſſance dans la juriſprudence naturelle, eſt la juſtice de la juriſprudence civile. Que ſi tout le monde reconnoît l'obligation étroite & rigoureuſe de cette derniere, il ne ſera pas difficile de faire ſentir que l'obligation que la reconnoiſſance impoſe eſt encore plus forte & plus rigoureuſe que celle dont la juriſprudence civile nous charge. Car ce que l'on donne à titre de bienfait eſt d'un bien plus grand prix, que ce qu'on abandonne à titre de convention. Ce que je cede ſous cette derniere forme, je le cede ou pour en avoir l'équivalent qui m'accommode plus encore que ce que je donne, comme dans les achats, ou changes; ou pour en tirer l'intérêt, comme dans les prêts. Ainsi de tous côtés je trouve mon compte, sans aucun risque, parce que les lois civiles garantissent le mien par la sanction temporelle qui fait toute l'impression possible sur les hommes qui craignent la force. Mais lorsque j'exerce la bienfaisance, je donne de mon bien, de mon crédit, de mon travail, de mon temps, &c. par un pur mouvement d'affection, d'humanité & de devoir naturel, car toute vue d'intérêt fait perdre le prix & la nature même à la bénéficence: je sais que celui à qui j'accorde mes bienfaits, n'est obligé à la reconnoissance que par les lois naturelles, dont la sanction qui fait toute la force de la loi n'est pas sensible, ni par conséquent efficace. Il faut donc que ma bienfaisance parle d'une ame bien grande & bien pénétrée des devoirs de l'humanité & de leur sanction. Or comme celui qui ne s'acquitte pas des devoirs de la justice civile est censé indigne de la société civile, & qu'il est puni comme tel par ceux qui ont en main le pouvoir coactif, & l'exécution de la sanction attachée à cette contravention; ainsi ceux qui manquent aux devoirs de

la juftice naturelle, ou de la reconnoiffance, doivent être cenfés indignes de la
fociété naturelle & comme des monftres
de l'humanité. Que s'ils échappent dans
ce monde à la peine que leur crime mérite, ils ne l'éviteront certainement pas
dans l'autre, où l'Auteur de la nature humaine & le fouverain Légiflateur leur fera
fentir que ce n'eft pas impunément qu'ils
ont ofé s'écarter de fes lois éternelles &
immuables : lois dont l'obfervation eft
d'autant plus facile, que par un penchant
affez fort nous y fommes naturellement
portés : lois dont fentent toute la force
les êtres même deftitués de raifon, & les
bêtes les plus ftupides. D'ailleurs la reconnoiffance eft fuivie de tant de fatisfaction,
qu'une ame noble s'y abandonneroit toujours avec empreffement, quand même
elle ne lui feroit pas impofée.

La néceffité de la reconnoiffance fe fait
fentir encore mieux par fon contraire.
Anéantiffez la gratitude, & vous ban-
nirez du monde toute confiance, toute
bienveillance, toute libéralité, tout fervice gratuit ; & dans cet état des chofes,
que deviendroit la vie humaine ? Auffi
remarque-t-on que tous les hommes ont
une horreur naturelle pour les ingrats,
& qu'il n'y a point de vice qui foit plus
généralement détefté. Cela vient, non-

feulement de ce qu'on regarde l'ingratitude comme l'effet d'une ame extrêmement baffe ; mais encore parce que ce
vice bleffe tous les hommes en général.
Car comme le procédé des ingrats dé-
courage ceux qui font portés à la bénéficence, c'eft une injure à laquelle chacun
fe trouve intéreffé. « Les ingrats, dit
» Cicéron, s'attirent la haine de tout le
» monde. Comme leur procédé décou-
» rage ceux qui font portés à la libéra-
» lité, c'eft une injure à laquelle chacun
» prend part : de forte qu'un ingrat paffe
» pour l'ennemi commun de tous ceux
» qui ont befoin du fecours des perfonnes
» puiffantes. » (*) Et c'eft avec raifon
que le nom d'ingrat renferme quelque
chofe de plus infâme & de plus odieux
que celui d'injufte ; car quand on n'eft
pas fenfible aux bienfaits, quelle autre
chofe du monde feroit capable de nous
toucher ? « L'ingratitude, ajoute très-ju-
» dicieufement Defcartes, eft un vice
» qui n'appartient qu'aux hommes bru-
» taux & fecrétement arrogans, qui pen-
» fent que toutes chofes leur font dues :
» ou aux ftupides, qui ne font aucune
» réflexion fur les bienfaits qu'ils reçoi-

(*) De Offic. lib. II. cap. XVII.

» vent : ou aux foibles & abjects, qui
» fentant leur infirmité & leur befoin,
» recherchent baffement le fecours des
» autres, & après qu'ils l'ont reçu, ils
» les haïffent, parce que n'ayant pas la
» volonté de leur rendre la pareille, ou
» défefpérant de le pouvoir, & s'imagi-
» nant que tout le monde eft mercenaire
» comme eux, & qu'on ne fait aucun
» bien qu'avec efpérance d'en être ré-
» compenfé, ils penfent les avoir trom-
» pés. (*a*)

L'on a difputé, fi l'on devoit accorder
action en juftice contre un ingrat. L'ufage
en étoit autrefois établi chez les Perfes,
comme il paroît par Xénophon (*b*), les
Athéniens (*c*) & quelques autres nations.
Séneque le nie, & il fe fert entr'autres de
ces trois raifons : 1°. que l'on perdroit tout
le mérite du bienfait fi l'on pouvoit pourfuivre un ingrat, comme l'on pourfuit un
débiteur, ou une perfonne qui s'eft en-
gagée à nous par un contrat de louage ;
car alors ce n'eft plus bienfait, c'eft commerce. 2°. Que les actes de reconnoiffance, les plus beaux & les plus louable
cefferoient de l'être, fi l'on pouvoit

(*a*) Des Paffions, Art. 194.
(*b*) Cyrop. lib. I. cap. 2.
(*c*) Valer. Max. lib. V. cap. III.

être contraint. 3°. Que tous les tribunaux du monde ne suffiroient pas pour connoître des procès que produiroit une loi qui donneroit action contre les ingrats. (*) Quant à moi, vu que le but des lois civiles n'est pas de rendre les hommes vertueux, mais simplement d'empêcher les injustices les plus criantes, & qui troubleroient ce repos & cette sûreté que les hommes ont eu en vue dans l'établissement des sociétés, comme nous l'avons fait voir ci-dessus, je crois qu'on ne doit pas donner action en justice contre les ingrats, tout exécrable que ce vice soit en lui-même & par rapport à la société. Les raisons de Séneque encore sont fort bonnes, sur-tout la troisieme : car en effet, outre qu'il n'y auroit presque personne qui ne se plaignît d'avoir été payé d'ingratitude, il est très - difficile de peser exactement les circonstances qui augmentent ou diminuent le prix d'un bienfait. Voyez sur cette Leçon BURLAMAQUI, Tom. III. chap. dernier : Barbeyrac, Discours *sur la Permission des Lois*, & *sur le Bénéfice des Lois*, insérés à la fin du Tom. II. des *Devoirs de l'Homme & du Citoyen*.

(*) De Benefic. lib. III. cap. VII.

Fin de la premiere Partie.

3 7511 002868541 E

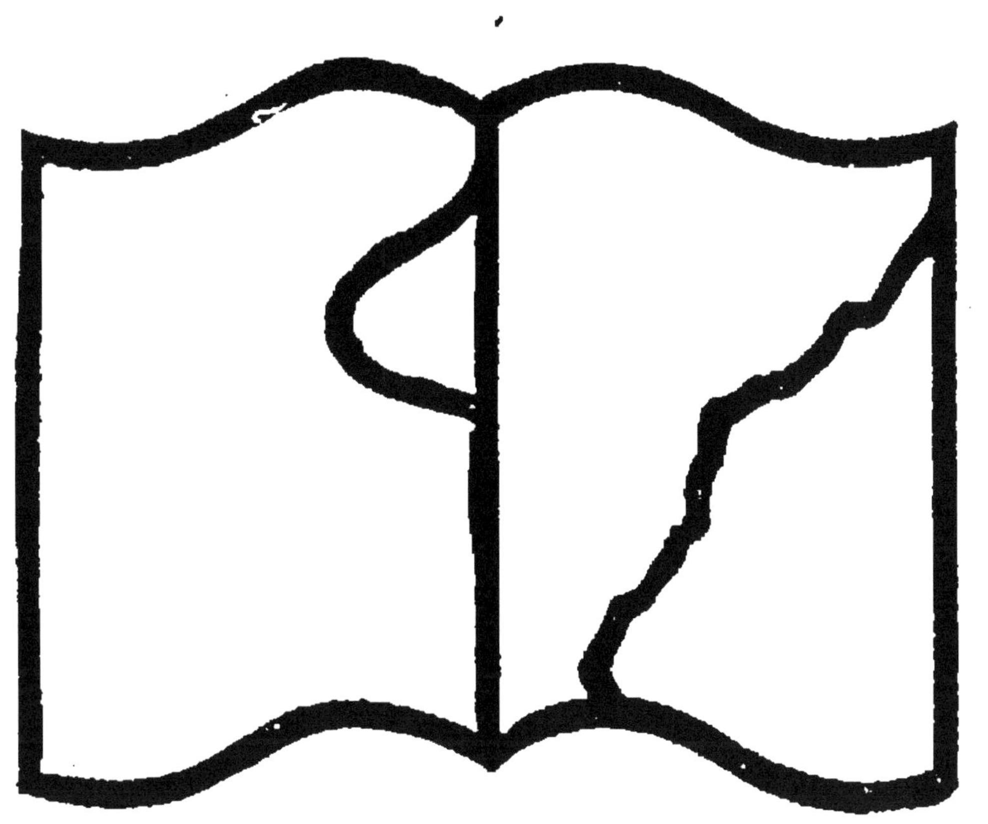

Texte détérioré — reliure défectueuse

NF Z 43-120-11